# 匕首與投槍，

# 魯迅

## 以文為刀為亢爭

番于真，李正懿 編著

紛亂的清末民初，戰爭、迫害、罵名、流離的噩夢如影隨形，

他從不懼，一枝筆桿挺起他的傲骨，一串文字，成為鋒利的匕首投槍，

刺向惡俗、舊制、麻木、自欺欺人、喪權辱國！切開這些，找到自由。

那奮戰到生命終結仍至死不屈的身影，是魯迅。

寧鳴而為天下死，不默而為苟且生

# 黃眉冷對千夫指，
# 卻以深情待人間

崧燁文化

# 目 錄

# 目錄 ─────────────

## 戰鬥生活

# 目錄

## 附錄

# 序

## 成就與貢獻

20 世紀初，魯迅在中國「救亡圖存」的大背景下，提出「立人」主張，反對已經瀰漫整個世界的輕精神的「質化」傾向。他登上「五四」文壇後，寫出了《阿 Q 正傳》等不朽著作，從反面批判人性的殘缺。

魯迅後期則以雜文為武器，全力抨擊封建專制主義扭曲人性的社會和傳統。魯迅的雜文開創了現代雜文的新風，影響了一代又一代的雜文作者。

魯迅是清醒的現實主義者，他大膽地正視現實的各種矛盾。他的小說和雜文，反映了極其深廣的真實的歷史內容。他是對舊勢力、舊思想揭露最深刻、抗爭最堅決的一位偉大作家。

魯迅在中國革命史和思想史上的這些傑出貢獻，是從「五四」文化運動中就充分顯示出來的。

# 序

## 地位與影響

　　魯迅以筆為武器進行戰鬥，被譽為「民族魂」。

　　20 世紀初，是中國從封建專制向現代文明轉型的歷史時期，魯迅對幾千年來封建思想禁錮下的中國人的精神進行徹底的根本性反思，敦促中國人衝出思想的牢籠，獲得精神的解放，達到精神的獨立和思想的自由。

　　魯迅深刻的思想與精美的作品，使他不僅在中國具有重要地位和影響，而且在全世界都產生了越來越深遠的影響。

# 少年苦樂

我一定加倍努力，做一個信守諾言的人。

—— 魯迅

# 從小就喜歡讀書

1881 年 9 月 25 日（農曆八月初三），魯迅出生於浙江紹興城內東昌坊口新臺門的周家。

當這個剛降生的男孩還來不及吃第一口奶，嘴裡便被大人們塞進五種奇怪的東西，第一是醋，第二是鹽，第三是黃連，第四是有刺的鉤藤，最後才是甜滋滋的糖。

這是紹興的習俗，意思是如果從小嘗盡了酸甜苦辣，長大了以後便能夠勇敢面對人生中遇到的各種苦難。

周家原來住在湖南道州，本來都是種田的普通農民，後來不斷發家致富，有了很多土地，就成了當地的大地主。再後來遷居到紹興，到魯迅這一輩已經是第十四代了。

魯迅出生的時候，他的祖父周介孚正在京城做官，當生了孫子的喜訊傳到周介孚耳朵裡時，恰好有一位姓張的高官來訪，於是就給這小嬰兒取了個乳名叫阿張，學名是樟壽，字豫山。可是後來發現，豫山的發音和雨傘接近，容易引起笑話，也不太好聽，於是就改為豫才了。

魯迅的父親周伯宜，是位秀才，長期閒居在家。魯迅的母親魯瑞，思想頗為開通，出身於紹興近郊安橋頭一戶官宦人家，沒唸過書，但以自學達到能夠看書的程度。

在紹興，周家是一門望族，做官經商且都不說，單是人丁的興旺，就相當可觀。所以到魯迅出世的時候，周家已經分居

三處，彼此照應，儼然是大戶了。

　　紹興城並不大，像周介孚這樣既是翰林，又做京官的人，自然能贏得一般市民的敬畏。周家門上那一欽點「翰林」的橫匾，明白無誤地宣告了周家的特殊地位。這就使魯迅獲得了窮家小戶孩子所無法享受的條件。家裡四五十畝水田，就是周介孚不從北京匯錢回來，日常生計還總是綽綽有餘，足以將貧困趕得遠遠的。

　　魯迅出生的年月正處於清朝統治即將瓦解的時期，保守落後的古老中國，被外國列強侵略，處於風雨飄搖之中。主宰了中國 2,000 多年的封建統治就要走到盡頭，在中國大地上正醞釀著新舊時代的大交替。

　　魯迅家庭的境況正如清朝的統治，在一步一步地走向衰敗，其輝煌已經成為歷史，但是還沒有完全破落。

　　魯迅家的住宅是一所聚族而居的朝南大宅院，一進大門，走過鋪著石板的天井，就是一個掛著「德壽堂」匾額的大廳，兩旁的柱子上，還寫著一副對聯：「品節澤明德行堅定，事理通達心氣和平。」

　　從大廳進去，是一方天井。再往裡走，北面有幾間狹小的樓房，這是魯迅一家的住所。樓下西邊的一間，是魯迅的祖母和保姆長媽媽居住的房間，東邊的那一間，用木板隔開，前半間是吃飯和會客的地方，後半間就是魯迅父母的臥室。

　　魯迅小時候很調皮活潑，他的曾祖母不苟言笑，小孩子都很怕她。可魯迅卻故意從曾祖母面前走過，假裝跌倒在地上，引得老太太驚叫：「哎呀！阿寶，衣裳弄髒了！」這時魯迅才滿意，才不鬧了。

　　周家是講究讀書的，周介孚甚至有過讓兒孫考取翰林的想法，他有在門上懸掛「祖孫父子兄弟叔姪翰林」匾額的雄心，因此，那種書香人家的氣氛，自然相當濃厚。

　　魯迅家中有兩個大書箱，從《十三經注疏》和《四史》，到《王陽明全集》和章學誠的《文史通義》，從《古文析義》和《唐詩叩彈集》，到科舉專用的《經策統纂》，甚至還有《三國演義》和《封神榜》那樣的小說，都堆在其中。

　　不但自己家裡有書，眾多親戚本家中不少人也藏書甚豐。而且不單是那些枯燥難懂的正經書，更有許多使小孩子非常喜歡的好玩的書，從畫著插圖的《花鏡》，到描寫少男少女的《紅樓夢》，幾乎什麼都有。

　　雖然《花鏡》是一本介紹育花、養花知識的書，但是寫得特別有趣，魯迅因此特別喜歡讀這本書。而且他越讀越愛讀，遇到看不懂的地方，他會向別人請教。入迷的時候，他還會捧著書來到庭院，對照著鮮花，檢驗書中所講述的理論。

　　但他覺得總是去親戚家看書不太方便，於是他開始把零用錢都節省下來。直至存夠了兩百文錢，他便跑到書店，自己買

了一本《花鏡》。

買到書後，魯迅經常捧著書在燈下細細品讀。即使夜深了，也捨不得放下書本。後來為了檢驗栽花的理論，他還親自動手在院子裡種植各式各樣的花。

對於那個時代小孩子來說，能夠日日讀書，還能用壓歲錢買自己喜歡的書來讀，這實在是能夠享受的最好條件了。

魯迅不僅喜歡看《花鏡》一類的科學書，還喜歡看有圖畫的故事書。但是故事書在當時被看做是「閒書」，在私塾裡是不允許閱讀的。有一次，魯迅就因看一本《兒童世界》而差點被私塾先生責打。

可越是這樣，魯迅對探求故事世界的好奇心就越強烈了。

## 兒時受到嚴格教誨

魯迅聰明伶俐，很受長輩的稱讚。有一年正月，那時他5歲，過年的時候大人們在廳裡打牌，有一位長輩看他可愛，就逗他說：「你喜歡哪一個人打贏？」

魯迅的回答很是出人意外，他說：「我喜歡大家都贏。」一句話引得大家都笑起來，連連稱讚他，叫他「胡平尾巴」。這是一句紹興話，意思是短小靈活，敏捷俐落。

魯迅的祖父周介孚，雖然脾氣有些暴躁，有時候要打罵孩子，但是在教魯迅讀書這件事上，卻顯得相當開通。那時一般

人家的孩子，開蒙總是直接就讀四書五經，讓一個 6 歲的孩子天天去念「學而時習之」，他會多麼痛苦？

周介孚讓魯迅先讀歷史，從《鑑略》開始，然後是《詩經》，再後是《西遊記》，都是選小孩子比較感興趣的書。即使讀唐詩，也是先選白居易那些比較淺白的詩，然後再讀李白和杜甫的，這就大大減輕了魯迅啟蒙時的苦悶。

在祖父的指點下，魯迅讀了《西遊記》、《水滸傳》等小說，以及其他許多古典詩詞。祖父為魯迅兄弟規定了讀詩的順序：初學先誦白居易詩，取其明白易曉，味淡而永；再誦陸游詩，志高詞壯，且多越事；再誦蘇軾詩，筆力雄健，詞足達意；再誦李白詩，思致清逸。

在祖父的影響下，魯迅除讀了《詩經》外，還讀了《楚辭》，以及陶潛、李白、李賀、李商隱、溫庭筠、蘇軾、陸游、黃庭堅等人的詩。

祖母更是特別疼愛魯迅，每每在夏天的夜晚，讓魯迅躺在大桂樹下的小飯桌上，搖著芭蕉扇，在習習的涼風中給他講故事，什麼貓是老虎的師父啦！什麼許仙救白蛇啦！魯迅直至晚年，還清楚地記得當時的興味和愜意。

魯迅的父親周伯宜是個很有才華的秀才，他對魯迅的管教很嚴厲，同時也很深沉。他家教雖嚴，卻從不打小孩子。

魯迅在《朝花夕拾》的那一篇〈五猖會〉中，記過父親的

一件事，就是在魯迅快樂的童年時，偏偏逼他去背書。可實際上，周伯宜平時對兒子們的讀書，監督得並不緊，常常很寬容。

那次魯迅偷偷買回來一本《花鏡》，被父親發現了，他又害怕又絕望，因為這屬於閒書，一般人家都不會讓小孩子看的。他心裡想：「糟了，這下子肯定要沒收了！」孰料，周伯宜翻了幾頁後，一聲不響地還給了他，這使他喜出望外，從此就放心大膽地買閒書，再不用提心吊膽，像做賊似的了。

至於母親魯瑞，對魯迅的摯愛就更不必說了，幾個孩子當中，她最喜歡的就是魯迅。

從人情來講，父母總是愛子女的，可由於中國人祖傳的陋習，這種父母之愛竟常常會演化成對幼小心靈的嚴酷摧殘。

在魯迅的散文〈五猖會〉中，記載了他 7 歲時看五猖會的情形。農曆五月一日，是休寧縣海陽五猖廟會之日。屆時，四鄉的百姓雲集海陽燒香，祈求五猖神主驅鬼祛邪，消凶化吉。廟會遊行，前引錦旗開路，執事沿途管理雜役。青白黑紅黃綠藍各色旗子飄揚，十景擔、肅靜牌、萬民傘、紙糊豬馬牛羊偶像、牌樓跟上，接下來的是地方戲隊伍、雜耍隊伍。

五猖廟會起源於明初。朱元璋和陳友諒在皖南曾打過幾年拉鋸戰，軍士百姓死亡很多。朱元璋做了皇帝後，下令江南百姓村村建「尺五小廟」，陣亡士卒「五人為伍」，受百姓供奉。《明史》記皇家祭祀有「陣前陣後神祇五猖」之說。如此

世代相傳，便衍成香火極盛的五猖神廟會。

這一年要到東關看五猖會去了，這是魯迅兒時所罕逢的一件盛事，因為那會是全縣中最盛大的會，東關又是離他家很遠的地方，出城還有三十多公里的水路。

因為東關離城遠，大清早大家就起來。昨夜預訂好的三艘明瓦窗的大船，已經泊在河埠頭，船椅、飯菜、茶炊、點心盒子，都陸續搬下去了。魯迅笑著跳著，催他們要搬得快。忽然，工人的臉色嚴肅起來了。魯迅知道有些蹊蹺，四面一看，原來父親就站在他的背後。

「去拿你的書來。」父親慢慢地說。

這所謂「書」，是指魯迅啟蒙時候所讀的《鑑略》。七歲時，魯迅就被父親送進私塾，跟遠房的叔祖父周玉田學習《鑑略》。這位老人藏書很多，像繪圖本的《山海經》和《毛詩鳥獸草木蟲魚疏》這些印著奇花異草、飛禽走獸的書，最令魯迅神往。

但是魯迅的祖父認為孩子上學，應該先有一些歷史知識作為基礎，所以要魯迅讀的書，頭一本就是《鑑略》。魯迅的祖父常說，這比讀《千字文》、《百家姓》有用得多，因為可以知道從古到今的大概。

此時，魯迅忐忑著，拿書來了。可是《鑑略》裡的文字有些深奧，魯迅開始讀的時候，一個字都不懂。

　　父親讓他同坐在堂中央的桌子前，教他一句一句地讀下去。魯迅擔著心，一句一句地讀下去。

　　兩句一行，大約讀了二三十行，父親說：「給我讀熟。背不出，就不能去看會。」他說完，便站起來，走進房裡去了。

　　魯迅似乎被從頭上澆了一盆冷水。但是，自然是讀著，讀著，強記著，而且要背出來。

　　東西已經搬完，家中由忙亂轉成靜肅了。

　　在百靜中，魯迅似乎頭裡要伸出許多鐵鉗，將什麼「生於太荒」之流夾住；也聽到自己急急誦讀的聲音發著抖，彷彿深秋的蟋蟀，在夜中鳴叫似的。

　　他們都等候著，太陽也升得更高了。

　　魯迅忽然似乎已經很有把握，便站了起來，拿書走進了父親的書房，一氣背下去，夢似地就背完了。

　　「不錯。」父親點著頭說，臉上帶著一絲不易察覺的微笑，他站起身說：「好吧，去看五猖會。」

　　於是大家同時活動起來，臉上都露出笑容，向河埠走去。工人將魯迅高高地抱起，彷彿在祝賀他的成功一般，快步走在最前頭。

　　但是魯迅卻並沒有他們那麼高興。開船以後，水路中的風景，盒子裡的點心，以及到了東關的五猖會的熱鬧，對於他似乎都沒有什麼大意思了。

後來魯迅一想起這件事，還詫異父親何以要在那時候叫他來背書。雖然父親的愛是嚴酷的，但正是這種嚴酷的愛，以及遠房的祖父的嚴格教誨，使魯迅在少年時代就已經博覽群書，具有相當高的文化素養，為他日後創造文學藝術高峰，打下了很好的基礎。

## 養成愛護書籍習慣

在魯迅的童年生活中，有一個人給魯迅留下了極為深刻的印象，這個人就是和他長期相伴的長媽媽。可以說，長媽媽的一舉一動，一言一行都對魯迅產生了極大的影響。

長媽媽和小魯迅朝夕相處，她是一個勤勞、樸實、善良的農村婦女，但也有許多迷信觀念，滿肚子的煩瑣禮節。

她經常和小魯迅一起玩有趣的遊戲，給他講各種各樣的故事，小魯迅也總是睜著大大的眼睛認真地聽著。長媽媽講的故事總是那麼吸引人，比如美女蛇的故事，太平天國軍隊的傳說，她都能講得活靈活現，繪聲繪色，這點很吸引小孩的興致。

正是因為長媽媽跟他講了太平天國的故事，才使年幼的魯迅對當時誣衊太平天國的宣傳產生了懷疑。

有一次，魯迅從遠房叔祖玉田老人那裡聽說，有一部叫《山海經》的書，畫著人面的獸、九頭的怪物等，可惜那本書不知放在哪裡，當時沒有找到。

　　這麼一部有趣的書，把魯迅吸引住了。他整天都念念不忘，夢寐以求，把長媽媽也感動了。雖然長媽媽並不認識字，但對小魯迅念念不忘的東西還是記在了心上。

　　大概幾天之後，長媽媽探親回來了。一見面，長媽媽就把一包書遞了給魯迅，高興地說：「哥兒，有畫兒的『三哼經』，我買來給你了！」長媽媽誤將「海」記成「哼」。

　　一聽這消息，魯迅一時間高興得不知所措，全身都顫抖了。他趕緊把包接過來，打開一看，啊！多麼怪誕和神奇的世界：人面的獸，龍頭的蛇，獨角的牛，三腳的鳥，還有那掉了頭還「以乳為目，以臍為口」，拿著盾牌與斧頭狂舞的怪物「刑天」。魯迅不禁再一次陶醉在美妙的世界中。

　　從此，長媽媽送的這本《山海經》便成為了魯迅最為心愛的寶物。他總是小心翼翼地翻看著，看完後再小心地包起來，放好。一直到了晚年，魯迅對這件事情仍記憶猶新。

　　《山海經》是魯迅最初得到的最心愛的書之一。後來，隨著年齡的增長，魯迅認識的字也漸漸多起來，他就自己存錢買書。每適過年，魯迅得到長輩們的壓歲錢後，總是捨不得花，存到一起，留著買書看。

　　魯迅小時候，不僅酷愛讀書，而且還喜歡抄書，他抄過很多很多的書。抄書這一習慣，使他受益終生。他的記憶力出奇的好，讀過的書經久不忘，這與他抄書的愛好是密不可分的。

他最初抄寫的是古文奇字,就是把《康熙字典》裡所列的所有古文,一篇篇全都抄寫下來。到後來當他抄完這些古文,訂在一起的時候,竟然訂成了整整一大冊。緊接著他又抄寫《唐詩叩彈集》中描寫梅花或者桃花的詩句……

就是在這樣不斷地抄寫中,魯迅受到了很深的文學薰陶。同時,他也真的抄出許多「故事」來。

他常常把這些抄出來的「故事」講給自己的弟弟們聽。有趣的是,他還經常把自己當做是故事裡的主角。

「這一天,我又住在仙山中了,山中有天然的樓閣,山裡的螞蟻像大象一樣,但是它們都聽從我的命令……」

很快,這些故事就在小朋友之間傳遍了,他們都跑來聽魯迅講故事。

魯迅小時候就對書籍特別愛護。只要書買回來,他一定要仔細地檢查。一旦發現書有汙跡,或者裝訂有問題,一定要到書店去要求調換。有些線裝書很容易脫線,他就自己動手改換封面,重新裝訂。

看書的時候,魯迅總是把桌子擦得乾乾淨淨,看看手指髒不髒。髒桌子上他是從來不放書的,髒手也是從不翻書的。他最恨的就是用中指或食指在書頁上一折,使書角翹起來,再捏住它翻頁的習慣。

魯迅還特意為自己準備了一隻箱子,把各種各樣的書整整

齊齊地放在裡面，箱子裡還放了樟腦丸，防止蟲蛀。

魯迅讀過的書浩如煙海。他購置的書，僅據《魯迅日記》上的「書帳統計」，1912 年至 1936 年，就有 9,000 多冊。他收藏的書，總是整理得井井有條。

魯迅一生最大的財產，就是他的這些寶貴的藏書了。小時候養成的愛書如寶的好習慣，貫穿了他的整個人生。

## 喜愛自然和民間文化

紹興是中國東部近海的一座城市，也是古代文化較發達的地方之一。

這裡河網縱橫交錯，土地肥沃，素來被稱為魚米之鄉。在城郊不遠處，有蘭亭、鑑湖、會稽山、大禹陵等古蹟，是一個風光秀麗、山清水秀的好地方。

紹興古代被稱為「報仇雪恥之鄉」。2,000 多年前，春秋戰國時期的越國國王勾踐曾在這裡臥薪嘗膽，艱難地復國。後來這裡又出了陸游、王思任這樣有民族氣節、頑強抗爭的著名人物。

民間還有各式各樣的戲劇演出和傳說故事。鄉親們最津津樂道的是兩個「鬼」：一個是帶復仇性的，比別的一切鬼魂更美、更強的鬼魂，即「女吊」；另一個是腰束草繩、腳穿草鞋、手捏芭蕉扇、富有同情心的「無常」。

鄉土傳統與民間文化，深深地影響著魯迅的一生。

魯迅從小就表現出活潑的性格。因為外祖母家在農村，他一到外祖母家，就像一隻剛出籠的小鳥，終日與小朋友們一起玩耍。

在看完戲回家的路上，肚子餓了，小朋友們就「偷」自家地裡的豆煮了吃。那種香噴噴的味道一直留在魯迅的記憶中。

魯迅還在一個叫「百草園」的後園裡，發現了大自然的無窮趣味。

百草園裡有碧綠的菜畦，光滑的石井欄，高大的皂莢樹，紫紅的桑甚。還有鳴蟬在樹葉里長吟，肥胖的黃蜂伏在菜花上，輕捷的叫天子還會忽然從草間直竄向雲霄。

單是周圍的短短的泥牆根一帶，就有無限的趣味。油蛉在這裡低唱，蟋蟀們在這裡彈琴。翻開斷磚來，有時會遇見蜈蚣。還有斑蝥，倘若用手指按住它的脊梁，便會「啪」的一聲，從後竅噴出一股煙霧。

何首烏藤和木蓮藤纏絡著，木蓮有蓮房一般的果實，何首烏有臃腫的根。有人說，何首烏根有像人形的，吃了便可以成仙。

魯迅於是就常常拔它起來，接連不斷地拔起來，也曾因此弄壞了泥牆，卻從來沒有見過有一塊根像人形。如果不怕刺，還可以摘到覆盆子，像小珊瑚珠存成的小球，又酸又甜，色味都比桑甚要好得多。

　　草叢裡魯迅是不去的。因為長媽媽曾經講一個故事給魯迅說：

> 先前，有一個讀書人住在古廟裡用功，晚間，在院子裡納涼的時候，突然聽到有人在叫他。答應著，四面看時，卻見一個美女的臉露在牆頭上，向他一笑，隱去了。
>
> 讀書人很高興，但竟讓那走來夜談的老和尚識破了機關。說讀書人臉上有些妖氣，一定遇見「美女蛇」了。
>
> 這是人首蛇身的怪物，能喚人名，倘一答應，夜間便要來吃這人的肉的。
>
> 讀書人自然嚇得要死，而那老和尚給他一個小盒子，說只要放在枕邊，便可高枕無憂了。讀書人雖然照樣辦了，卻總是睡不著。到半夜，果然來了，「沙沙沙！」門外像是風雨聲。讀書人正抖作一團時，卻聽得豁的一聲，一道金光從枕邊飛出，外面便什麼聲音也沒有了，那金光也就飛回來，斂在盒子裡。老和尚說，這是飛蜈蚣，它能吸蛇的腦髓，美女蛇就被它治死了。
>
> 「記住了吧？長的草裡不能去。」長媽媽囑咐魯迅，「如果有陌生的聲音叫你的名字，你也萬不可答應他。」

　　這故事讓魯迅覺得做人之險，夏夜乘涼，往往有些擔心，不敢去看牆上，而且極想得到一盒老和尚那樣的飛蜈蚣。走到百草園的草叢旁邊時，也常常這樣想。

　　碧綠的菜畦，紫紅的桑葚；蟋蟀彈琴，油蛉低唱；像人形的吃了便可以成仙的何首烏；人首蛇身的「美女蛇」的傳說。

冬天的百草園沒什麼意思，但是這一下雪可又有的玩了。最愜意的是捉鳥兒。小夥伴閏土的父親教魯迅一種捕鳥的方法，他看閏土的父親一下便捉住了幾十隻，不由得手直癢癢。可是他自己上陣一試，費了半天工夫，才能捉住三四隻。

於是魯迅很納悶地問閏土的父親，才知道是自己太急躁了，老是等不及鳥兒走到中間去。

閏土還經常把自己身邊發生的許多新鮮事情講給魯迅聽，什麼稻雞、鵓鴣、藍背，還有夏天在海邊拾貝殼，紅紅綠綠的，五彩斑斕。更有趣的是晚上和大人一起去看西瓜地，拿一把胡叉，神氣地守在地頭，看到狡猾的猹出來咬瓜了，便用力一刺……魯迅因此嚮往著那個廣博而充滿活力的鄉土世界。

## 與小朋友建立友誼

魯迅十一二歲的時候，隨母親來到了鄉下省親。

那時，魯迅的祖母雖然身體還好，但母親也已分擔了一些家務，所以夏天便不能多日的省親了，只得在掃墓完畢之後，抽空去住幾天。這時，魯迅便跟著母親住在外祖母的家裡。

魯迅的外祖母家在紹興鄉下，叫安橋村。這個村莊離海不遠，有條小河從村中流淌而過，把全村分為南北兩半。當時全村大約有 30 戶人家，大半姓魯，靠種田和打魚為生的占多數，有很少一部分人經營副業，就是做酒，並開一家很小的商店。

　　就是在這裡，魯迅見識了許多更新鮮的風景和玩法兒，看到聽到了「社戲」。魯迅感到很幸運，能有這樣新奇廣闊的天地。

　　因為魯迅從城裡來，算是遠客和貴客，所以村裡有很多小朋友得到父母的允許，減少了日常勞作的份量，盡情地陪著迅哥玩耍。玩的方式很有趣，比如掘蚯蚓、到河邊釣蝦，或是一同去放牛，而最大的樂事卻是看社戲了。這段時光是魯迅最快樂的童年記憶。

　　魯迅和朋友每天的事情大概就是挖蚯蚓，挖來穿在銅絲做的小鉤上，伏在河沿上去釣蝦。蝦是水世界裡的呆子，所以到不了半天便可以釣到一大碗。這蝦照例是歸魯迅吃。

　　其次，魯迅便是和朋友一起去放牛，黃牛、水牛都欺生，都在欺侮魯迅，因此他也總不敢走近身，只好遠遠地跟著、站著。這時候，小朋友們便全都嘲笑起他來了。

　　魯迅在鄉村第一盼望的事，就是到趙莊去看戲。趙莊是離平橋村 250 公尺的較大的村莊。平橋村太小，自己演不起戲，每年總付給趙莊一些錢，算是合作。

　　就在魯迅十一二歲時的一年，看社戲的日期也眼看著等到了。不料這一年真可惜，在早上就叫不到船。平橋村只有一艘早出晚歸的航船是大船，絕沒有留用的。其餘的都是小船，不適用。到鄰村去問，也沒有，早都給別人定下了。

　　魯迅的外祖母很氣惱，怪家裡的人不早定，絮叨起來。母親便寬慰她說，我們魯鎮的戲比小村裡的好得多，一年看幾回，今天就算了。魯迅急得要哭，母親卻竭力地囑咐他說萬不能這樣，怕又招外祖母生氣，又不准和別人一同去，說是怕外祖母擔心。

　　到了下午，魯迅的朋友都去了，戲已經開場了，他似乎聽到了鑼鼓的聲音。

　　這一天，魯迅不釣蝦，東西也不吃。母親很為難，沒有法子。到吃晚飯的時候，外祖母也終於覺察了，並且說外孫不高興，他們太怠慢了，這是待客的禮數里從來沒有的。

　　吃飯之後，看過戲的少年們也都聚攏來了，高高興興地來講戲。只有魯迅不開口，他們都嘆息而且表示同情。

　　忽然間，一個最聰明的雙喜提議說：「大船？八叔的航船不是回來了麼？」十多個少年也立刻攛掇起來，說可以坐這艘航船，與魯迅一起去。

　　這下，魯迅高興了。然而外祖母又怕都是孩子，不可靠。母親又說是若叫大人一同去，他們白天全有工作，要人家熬夜不合情理。

　　正當大家遲疑之時，雙喜又看出底細來了，便大聲地說道，「我寫包票！船又大，迅哥向來不亂跑，我們又都是識水性的！」

　　事實上，這十多個少年，確實沒有一個不會玩水的，而且

其中兩三個還是弄潮的好手。外祖母和母親也相信，便不再駁回。於是，魯迅他們立刻一哄地出了門。

一出門，便望見月下的平橋內泊著一隻白篷的航船，大家跳下船，雙喜撥前篙，阿發撥後篙，年幼的都陪魯迅坐在艙中，較大的聚在船尾。

待魯迅的母親出來吩咐「要小心」的時候，孩子們的船已經開了，在橋石上一磕，退後幾尺，他們架起兩支櫓，兩人一支，一裡一外，有說笑的，有嚷的，夾著潺潺的船頭激水的聲音，在左右都是碧綠的豆麥田地的河流中，飛一般徑向趙莊前進了。

兩岸的豆麥和河底的水草所發散出來的清香，夾雜在水氣中撲面吹來，月色便朦朧在這水氣裡。淡黑的起伏的連山，彷彿是踴躍的鐵的獸脊似的，都遠遠地向船尾跑去了，但魯迅卻還感覺船慢。

他們換了四回手，漸漸地望著依稀的趙莊，而且似乎聽到歌聲了，還有幾點火，料想便是戲臺，但或者也許是漁火。那火接近了，果然是漁火。正是對船頭的一叢松林，過了那松林，船便彎進了汊港，於是趙莊就真的在眼前了。

最顯眼的是屹立在莊外臨河的空地上的一座戲臺，模糊在遠處的月夜中，和空間幾乎分不出界限，魯迅心中見過的仙境，就在這裡出現了。

說到看戲，令幼時的魯迅著迷的還有為了敬神禳家而演的「目連戲」，要從黃昏一直演到次日天明。全戲中一定有一個惡

人，由於這個惡人惡貫滿盈，所以天亮的時候他的魂魄就被閻王勾走。這時候，活無常穿著雪白的衣服，一直皺著眉頭，看不出是哭是笑，一出場就先打 100 個噴嚏，同時放 108 個屁。他捏著破芭蕉扇，臉朝著地，一邊跳一邊唱：「難是弗放者個！哪怕你，銅牆鐵壁！哪怕你，皇親國戚！」

魯迅覺得這活潑又風趣的活無常，在各種鬼中間最富有人情味了。他的鐵面無私，也令魯迅佩服。

有時這類戲演出之前，還要由演員扮鬼王，找小孩子來扮鬼卒。於是他還和朋友一起學演戲、扮小鬼。他們在臉上塗上幾筆彩畫，手握一桿桿鋼叉躍上臺去，愉快地玩耍著。

農村對少年時代的魯迅是很有吸引力的。在這片自由的天地裡，魯迅不僅學到了許多社會知識和生產知識，還和農民家的小朋友建立了深厚的友誼，逐漸了解了農民勤勞、質樸的性格，同時也看到了舊社會階級壓迫、階級剝削的血淋淋的事實。

魯迅和農民的孩子常唸誦的一首漁歌中，就有這樣的悲慘的句子：

一日七升，一日八升，兩日勿落，餓得發白；一日七升，一日八升，兩日勿落，要哭出聲。

這些對魯迅的思想發展產生了深刻的影響，使魯迅知道「農民是畢生受著壓迫的，受著很多苦痛，和花鳥並不一樣」。

# 看戲得到批判意識

在魯迅 13 歲的那一年，因祖父下獄，他和弟弟被安排到離城有三十多公里的皇甫莊大舅父的家中避難。

鄉下的春天依然是美好的，船停滿了河面，河兩岸是青青的麥田，田埂上長著綠油油的羅漢豆。白天，大人們都到河裡和田間勞工作去了，魯迅就和孩子們一同玩耍，或是釣魚，或是剝著羅漢豆。

在皇甫莊和小皋埠這一帶的農民主要的副業就是捕魚。深夜，魚兒都游出來了，吃食的吃食，游動的游動，捕魚的人也在這時出動。二更以後，蝦子也開始出來了。捉蝦的人就劃著小船，帶著網兜去撈蝦。天亮後，他們才吃一點冷飯糰，到鎮上去賣魚蝦，賣完了魚蝦才回來睡覺。

但凡有一點空閒時間，他們也不歇下來，而是籌劃著演戲，在做戲時一顯他們出色的本領。

在當時紹興一帶的農村裡，演戲的日子簡直多到數不清。正月的初九、初十是「燈頭戲」；三月裡，有「東嶽大帝」生日，至遲不過二十八就要演戲；陰曆五月十六「土地爺菩薩生日」，六月十七「包爺爺生日」，都要演戲；七月十六，「劉猛將軍」的生日，農民們說他是「劉備的兒子」，因為到田間捉蝦蜢跌死的，更要演戲。直至年底，還要演出不少的戲。演戲和他們的生活好像是分不開的。

其實，他們演戲的目的倒不僅是為了給菩薩看的，不過是借此表示自己的願望，希望人口和牲畜平安，五穀豐收，能過上安居樂業的和平生活。

雖然，現實的生活並不如他們所期盼的那樣，但他們的心中仍充滿了對幸福生活的嚮往。

農民們總在迎神賽會這個屬於自己的狂歡和示威的節日裡，顯示才能、智慧和力量。隊伍接連排成好幾公里長，人群像滾滾的浪潮，席捲過一個村莊又一個村莊。在隊伍的上空招展著紅的、綠的、黃的以及其他顏色的旗幡。

在這支浩浩蕩蕩的隊伍裡，人人都像生龍活虎一般：有耍獅子的，有跑龍船的，有踩高蹺的，有的敲著鑼鼓，有的扛著荷花銃，**轟**，**轟**，對著天空放它幾響的。

在皇甫莊，戲臺就搭在村子裡一塊叫做「火燒場」的地方。這裡據說就是太平天國農民起義失敗之後，反動地主階級殘殺農民的屠場。這戲從頭一天的下午就演起，一直要演到第二天天亮。

「起殤」是在太陽落盡的時候舉行，臺上吹起悲壯的喇叭，薄暮中，十多匹馬，放在臺下，一個演戲的人扮作鬼王，手執鋼叉，此外還需要十多名鬼卒，普通的孩子們都可以應募。

他們爬上臺去，說明志願，臉上塗抹幾筆油彩，手拿鋼叉，待人聚齊，就一擁上馬，疾馳到野外那些無主的孤墳上，

然後拔叉馳回，上了櫃檯，一同大叫一聲，將鋼叉一擲，釘在臺板上，這才完結，洗臉下臺。舉行了這一種儀式，就意味著那些孤魂厲鬼，已經跟著鬼王和鬼卒，前來一同看戲了。

「起殤」儀式之後，戲文就接著開場，徐徐進行。一到「跳吊」時候，人們立刻緊張起來。臺上吹起凄涼的喇叭，臺中央橫梁上放下一團布。看客們都屏住氣，臺上忽然闖出一個不穿衣褲，只有一條犢鼻褌，臉上塗了幾筆粉墨的男人，這叫做「男吊」。他一登臺，徑奔懸布，像蜘蛛死守著蛛絲，又好像在結網，在這上面黏掛。

這之後，是「跳女吊」。臺上又吹起凄涼的喇叭，不一下，門幕一掀，一個「女吊」，比別的一切鬼魂更美的鬼魂出場了。大紅衫子，黑色長背心，長髮蓬鬆，頸掛兩條紙錠，低頭，垂手，彎彎曲曲地走了一個全臺。內行人說，這是走了一個「心」字。

然後，「女吊」將披著的頭髮向後一抖，人們這才看清她的面孔：石灰一樣白的圓臉，漆黑的濃眉，烏黑的眼眶，猩紅的嘴唇。她兩肩微聳，四顧，傾聽，似驚，似喜，似怒，終於發出悲哀的聲音，慢慢地唱道：「奴本是楊家女，呵呀！苦呀！天哪！」

這之後的下文講她做童養媳時備受虐待，終於不堪忍受，只有投江自盡了。

唱完，就聽到遠處的哭聲，也是一個女人，在含冤悲泣，準備自殺。女吊驚喜萬分，要去「討替代」了，卻不斷突然跳出「男吊」來，主張應該他去討，由爭論而至動武。「女吊」當然敵不過「男吊」，幸而臺上另有一個神「王靈官」在這時出現了，一鞭打退「男吊」，放「女吊」獨自去活動。

在魯迅的記憶中，最深刻的就是這一幕，其他的場面當然也不少。從幼年時直至後來，他記憶尤深。魯迅認為：這個復仇性最強的「女吊」，這個最美麗的最堅強的靈魂，也就是被壓迫者的復仇意志的化身。

## 刻上「早」字自勉

魯迅 12 歲時離開家，到紹興城裡最著名也是最嚴厲的三味書屋學習，讀的是《四書》、《五經》一類。他的老師是有名的正直博學的老秀才壽鏡吾先生。

三味書屋是清末紹興城裡著名的私塾。三味書屋坐東朝西，北傍小河，有近 35 平方公尺。書房正中上方懸掛匾額，是清末著名書法家梁同書所書。書屋中間是老師的八仙桌和木椅，學生都坐在窗前壁下。魯迅跟隨壽鏡吾老師學習，在那裡攻讀詩書近五年。魯迅的座位，在書房的東北角，他用的是一張硬木書桌。現在這張木桌還放在魯迅紀念館裡。

三味書屋後面有一個園子，雖然小，但在那裡可以爬上花壇去折臘梅花，在地上或桂花樹上尋蟬蛻。小園子給魯迅和同

學們帶來了不少樂趣。

　　壽鏡吾先生對學生要求嚴格，教育方法還是封建的老一套，除了背書、聽書、習字、對課，不讓學別的，甚至不讓看有圖畫的本子，但活潑的孩子們往往背地裡不聽那一套。

　　那時魯迅愛畫畫兒，用一種叫「荊門紙」的，蒙在小說的繡像上一個個描下來。孔孟的書沒讀成，畫的成績卻不少，最成功的是《蕩寇態》和《西遊記》的繡像。

　　小魯迅用壓歲錢為自己買書，特別是他心愛的畫譜、畫冊。他最開始在皇甫莊見到《毛詩品物圖考》時，喜愛極了。

　　後來他存了錢到書店去買到一部，愛不釋手，偶爾發現有點墨汙或別的小毛病，就覺得不滿意，趕快拿到書店裡去換，有時換了好幾回。最後惹怒了書店的夥什，人家嘲弄地說：「這比你姐姐的面孔還白呢，何必換掉？」

　　這種刻薄的話曾使魯迅很生氣，這也從一個側面反映出這個少年對書的痴迷程度。當魯迅買不起書的時候，就自己動手抄，他從小就有抄書和描畫的習慣，三卷《茶經》、《五木經》他都親手抄過。

　　魯迅對什麼都充滿了極大的興趣，並且酷愛自然科學。他最喜歡的是一本上面帶有許多圖的《花鏡》書，這是他花了200多文錢買來的，裡面有許多寶貴的栽培知識，還強調透過人工培育可以改變植物的特性，宣傳「人力可以回天」的思想。

　　魯迅不喜歡死記硬背，他更注重理解。在三味書屋讀書

時，他曾製作一張書籤，中間豎寫「讀書五到：心到，口到，眼到，手到，腦到」10 個字，夾在書頁裡。

讀書時，讀一遍書，自上而下蓋上書籤。這個辦法同學們很讚賞，於是大家都仿效起來。

有的同學整天只想玩，常常背著老師拉別人一起玩。魯迅為防止同學影響自己的學習，就在書桌的左上角貼了一張 3 吋長、2 吋寬的紅紙條，紙條上寫著「君子自重」4 個字。

魯迅做事非常認真，他深惡痛絕那種誇誇其談，一知半解的浮誇學風，做事總愛搞得明白透徹。這是魯迅幼年時就養成的習慣。

在「三味書屋」讀書的時候，聽說漢朝的東方朔認識一種叫「怪哉」的蟲，此蟲係冤氣所化，用酒一澆，蟲便消失了。魯迅覺得很奇怪，怎麼也思索不明白。

有一次，聽壽鏡吾老先生講完課，魯迅趕緊向老師問這一問題。

老先生臉上充滿怒氣地答道：「不知道。」

魯迅明白這是老先生不願多講課外的知識，於是他就去自己查詢。他存下錢來，購買了《毛詩品物圖考》和《花鏡》，並時時留心實物，將書籍上的記載與實物相比較。

魯迅 13 歲時，祖父周介孚替親友向浙江鄉試的主考官行賄賂，事情敗露之後被關進了杭州監獄。周家開始家道中落。魯迅的父親周伯宜由於與這場案子有牽連，不僅不允許考試，連

原來的秀才身分也被革掉了。

周伯宜本來就不善於持家，這回為了營救老父親，家裡生活的重擔又壓在他身上，眼睜睜地看著家裡的財產和土地都沒了，他心裡十分焦急，於是脾氣更壞了，酒也喝得更凶了，終於得了嚴重的肺病。此後幾經波折，病情時緩時急。

父親長期患病，使得家裡越來越窮。身為長子，魯迅不得不過早地挑起家庭重擔。營救祖父和為父親治病，都需要錢。山窮水盡的他只好每天都去當鋪，把衣服或首飾送上當鋪的櫃臺，在誣衊聲中接過一點可憐的錢，然後再到藥房裡，站在和自己一樣高的櫃臺前，給久病的父親買藥。

有一次，父親病重，魯迅一大早就去當鋪和藥店，回來時老師已經開始上課了。

老師看到魯迅遲到了，就生氣地說：「十幾歲的學生，還睡懶覺，上課遲到。下次再遲到就別來了。」

魯迅聽了，點點頭，沒有為自己作任何辯解，低著頭默默地回到自己的座位上。

第二天，魯迅早早地來到學校，在書桌右上角用刀刻了一個「早」字。心裡暗暗地許下諾言：以後一定要早起，不能再遲到了。

那書桌是魯迅從自己家裡帶來的。從此那上面的「早」字就成了鞭策魯迅的記號。而老師得知魯迅遲到的原因時，深深地自責起來。從此，他就更喜愛魯迅，而且經常幫助他。

以後的日子裡，父親的病更重了，魯迅更為頻繁地到當鋪去賣東西，然後到藥店去買藥，家裡很多工作都落在了魯迅的肩上。他每天天不亮就早早起床，料理好家裡的事情，然後再到當鋪和藥店，之後又急急忙忙地跑到私塾去上課。

在那些艱苦的日子裡，每當魯迅氣喘吁吁地準時跑進私塾，看到課桌上的「早」字，他都會覺得開心，心想：「我又一次戰勝了困難，又一次實現了自己的諾言。我一定加倍努力，做一個信守諾言的人。」雖然家裡的負擔很重，可是魯迅再也沒有遲到過。

直至晚年，魯迅還清楚地記得這件事，並且在一次閒談中告訴自己的親人。這生動地表現了魯迅自幼嚴格要求自己和認真學習的精神。

魯迅的課本上全都是紅圈圈，就是老師在批改作業的時候，認為寫得好的。這是由於魯迅思維敏捷，學習勤奮，讀書多的緣故。

在魯迅 15 歲那年，父親周伯宜留下妻子和 4 個孩子，撒手歸天，周家開始急遽陷入貧困。雖然如此，但是母親堅持讓魯迅繼續在三味書屋讀書。

老師的為人和治學精神，那個曾經給魯迅留下深刻記憶的三味書屋和那個刻著「早」字的課桌，一直激勵著魯迅在人生路上繼續前進。

# 與閏土的深厚情誼

　　家庭的變故對少年魯迅產生了深刻的影響。魯迅是家裡的長子，上有孤弱的母親，下有幼弱的弟妹，他不得不同母親一起承擔起生活的重擔。天真活潑的童年生活結束了，他過早地體驗到了人生的艱難和世情的冷暖。

　　父親生病時，魯迅經常拿著醫生為父親開的藥方到藥店去取藥，拿著東西到當鋪去典當。在過去家境好的時候，周圍人是用一種羨慕的眼光來看待他這個小「公子哥兒」的，話語裡包含著親切，眼光裡流露著溫存。

　　但現在魯迅家窮了下來，周圍人的態度就都變了：話語是涼涼的，眼光是冷冷的，臉上帶著鄙夷的神情。周圍人這種態度的變化，在魯迅心靈中留下的印象太深刻了，對他心靈的打擊也太大了。這使魯迅感到在當時的中國，人與人之間缺少真誠的同情和愛心。

　　當時的人們是用「勢利眼」看人待物的：對有錢有勢的人是一種態度，對無錢無勢的人又是另一種態度。

　　多年之後，魯迅還非常沉痛地說：

從小康人家而墜入困頓，我以為在這路途中，大概可以看見世人的真面目。

　　家庭的變故和變故後的人生體驗，也使魯迅從少年時候起就親近下層人民。他的外祖母家住在農村，這使他有機會接觸

和了解農民的生活。特別是在祖父入獄的前後，魯迅不得不到農村的親戚家避難，長時期住在農村。

在那裡，魯迅與農村的孩子們成了朋友，與他們一起玩耍，一起划船，一起看戲，有時也一造成他們家的地裡「偷」豆子煮了吃。在他們之間，沒有相互的歧視和仇視，而是相互關心，相互友愛。

魯迅一生都把他與閏土這樣的農村小朋友這種樸素自然、真誠單純的關係，當做人與人之間最美好的關係而懷唸著，描寫著。

在浙江鄉下，魯迅得以認識像閏土那樣淳樸善良的農家孩子，並熟悉了中國農民的悽慘生活現狀。

「閏土」的原名叫章閏水，他的家在紹興城外三十多公里的道墟鎮杜浦村。村子坐落在曹娥江邊，當地的人叫做「海邊」，江邊有一片平坦的沙地，種著很多瓜果。

章家世世代代以農為生。章閏水的父親章福慶勤勞善良，有很好的竹編手藝。過年過節或農忙時，經常給人做「忙月」，就是在忙碌的月分給人打工幫忙，以此來補貼家用，勉強維持一家人的生活。

章閏水從小就生活在這樣一個貧苦的家庭裡。他從小就跟著父親幹一些力所能及的活，看瓜地，網魚，曬稻穀，並跟父親學會了竹編手藝。父親在魯迅家做忙月時，常常把他帶了去。

　　章閏水和魯迅的年齡差不多，兩人很快就成了好朋友，常在一塊兒玩耍，並以「兄弟」相稱，魯迅總是親熱地叫他「閏土哥」。閏水成了魯迅最要好的少年朋友，還給魯迅講了很多關於農村的新鮮故事。比如雪地捕鳥，海邊拾貝，看瓜刺猹，潮汛看魚，這使少年的魯迅對他產生了很深的敬意。

　　魯迅和閏土情同手足，關係十分親密。以至於新年過後做完忙月，父親要帶著閏水回鄉下時，魯迅急得大哭，閏水也躲在廚房裡不肯出門。

　　這種友誼一直持續到青年時代。魯迅去南京讀書後，寒假回故鄉紹興時，還邀了閏水一塊兒去南門亀山遊玩。他們登上應天塔，紹興古城盡收眼底，冷風吹來，頓覺神清氣爽。他們還去參觀軒亭口、大善寺，兩人邊走邊談，極其親熱。

　　章閏水父親死後，他就挑起了一家的生活重擔。這時的章閏水，臉上刻滿了艱苦生活的印記。中等個子，黑黑的臉，剃了光頭，穿著草鞋或乾脆赤腳，戴著一頂氈帽或笠帽，身上是土布做成的藍黑色的大襟衣裳。章閏水平時不愛多說話，整日挑土、搖船、做農活兒，手腳從不停歇，是一個勤快老實的莊稼漢。

　　章家只有 6 畝薄沙地，收穫的糧食繳完租稅後所剩不多。儘管章閏水起早貪黑地工作，還是養不活一家人。1934 年大旱，地裡顆粒無收，逼債的、收捐的又找上門來，沒辦法，他

只好把地賣了，成了一貧如洗的窮苦農民，只能靠租種土地和出外打工為生。

　　由於貧困和積勞成疾，50 歲後，章閏水背上生了一個惡瘡，家裡又沒錢醫治，致使傷口化膿，一直不能癒合，而且越來越嚴重，終於在 57 歲時亡故。

# 「名醫」開的藥方

　　魯迅每天看著父親躺在病床上，受著疾病的折磨，心裡難受極了。他既要堅持去三味書屋讀書，又要忙著幫父親求醫抓藥。

　　後來聽說城中有位名醫，於是魯迅每隔一天，就跑去請他來給父親看病。這位名醫每次看病，要診金 1 元 4 角，出診費 10 元，深夜加倍，出城又加倍。不僅如此，他用藥很特別，用的藥引子更特別。

　　一般醫生開的藥引子，都是諸如「生薑 2 片」、「竹葉 10 片去尖」什麼的，而這位名醫卻不用這些。如果他要用蘆根，那麼魯迅就得到河邊去掘；如果他要經霜 3 年的甘蔗，那麼魯迅就得到處搜尋兩三天……

　　可是，這樣治來治去，父親的病卻越來越嚴重了，水腫逐日厲害，更是不能起床了。

　　有一次，魯迅要找一種更新奇的藥引：3 年以上的陳倉米。他東奔西跑，到處也找不到。

這事後來被老師知道了，也不知道他想出了什麼辦法，一下子就弄到了兩升陳倉米，裝在錢搭裡，搭在肩上，親自送到魯迅家裡來了。魯迅接過那些陳倉米，熱淚無聲地流了下來。

可是父親的病，越來越嚴重了。

魯迅又一次次地跑去請那位名醫，但是那位名醫問過病狀後，卻說：「我所有的學問，都用盡了。本城還有一位陳先生，本領比我高。我推薦他來看一看，我可以寫一封信......」於是魯迅又跑去請那位姓陳的名醫。

這位名醫的診金也是 1 元 4 角，但是所用的藥引更為奇特。蘆根和經霜 3 年的甘蔗，他從來不用，常用的是「蟋蟀一對」，旁註小字：「要原配，即本在一巢的。」

雖然這倒不使魯迅為難，因為走進百草園便可以容易抓上 10 對，但是魯迅弄不明白為什麼分居的蟋蟀變連做藥的資格也沒有了。接著這位名醫又開了一個「敗鼓皮丸」的藥方，魯迅也懷疑這用打破的鼓皮能不能起效。

但是有一次，這位名醫開的藥引子是「平地木 10 株」，這可不知道是什麼東西了。魯迅跑去問藥店，問鄉下人，問賣草藥的，問老年人，問讀書人，甚至去問木匠，可是他們都只是搖搖頭。

後來，魯迅突然想起了自己的啟蒙老師，那個種花木的玉田老師。他跑去一問，玉田老師固然知道，原來生在山中大樹

下的一種小樹，能結像小珊瑚珠的紅果，平常都稱「老弗大」。

　　雖然如此，魯迅為了能醫好父親的病，各種莫名其妙的藥引子，他都設法找到了。他是多麼希望父親能早日好起來呀！

　　但是父親的病依然不見好轉，這位名醫有些黔驢技窮，竟然說：「我想，可以請個巫師來看一看，可有什麼冤愆……醫生能醫病，不能醫命，對不對？這也許是前世的事……」這話聽上去並不像是一個醫生應該說的。

　　父親吃了 100 多天的「敗鼓皮丸」，終於還是撒手而去。一個 16 歲的少年，不得不和同樣心情沉痛的母親一起變賣家產，辦理喪事。這時的魯迅早早地告別了天真年代，無心與孩子們一樣嬉鬧了。

　　每次想起父親臨終前痛苦的喘氣聲，魯迅的心裡就不由得對那些貽誤病人生命的庸醫起了憎恨。

# 求學育人

排除前進道路上的千難萬險，才能勝利地走到目的地。

—— 魯迅

# 毅然離開沉悶的學堂

從百草園到三味書屋，魯迅接受了中國傳統文化教育，形成了誠實、善良、正直的性格。

1898 年，魯迅從三味書屋畢業後，同學們各奔前程。此時周家已困頓沒落，升學困難。魯迅是個懂事孝順的孩子，他知道中國正與周家一樣遇到危機。

同年的 3 月 21 日，魯迅寫信給在杭州陪侍獄中祖父的二弟，談到了當月 13 日出版的《知新報》第四十五期刊載的列強瓜分中國圖。《知新報》說，英日俄法德 5 國，謀由揚子江先取南京，瓜分其地，英國得到浙江。

此時，年輕的魯迅兄弟，已開始接受新的思想，關心國家的命運。所以，魯迅不想去做帳房先生，也不想做衙門師爺，只想學些救國救民的真本事。

魯迅為南京擔憂，自然想起在南京的叔祖周椒生。周椒生回家探親時，魯迅兄弟們總要拜訪這位在外見多識廣的叔祖，聽他談談國家和南京的情況。

魯迅知道，叔祖是個舉人，在江南水師學堂教國文兼當管輪堂監督，這個學校不要學費。叔祖還介紹了魯迅的小叔伯升進了江南水師學堂。

小叔假期帶來那些介紹長江風帆、下關商埠、儀鳳門城樓、碼頭大輪船的照片，這些照片真迷人，魯迅很想到兩江總

督署所在地的南京去上學。

為了滿足魯迅的要求，母親設法籌集了 8 塊銀元作為路費。她流著淚對兒子說：「紹興有句古話，叫做窮出山，今後的路就要由你自己去走了！」

1898 年 5 月 1 日，魯迅乘船出門遠行了。

5 月 7 日，輪船停泊在金陵下關，魯迅第一次踏上了南京的土地，只見江上風帆穿梭貨船雲集，幾艘外國軍艦傲然屹立。上岸後，戴白色禮帽的洋人神氣活現，中國搬運工吃力地扛著麻袋，懶散的清兵閒逛著，碼頭貨棧堆滿「摩爾登糖」，這些都讓年輕的魯迅看見了世界。

到了江南水師學堂門口後，魯迅看到這所由張之洞建立的水師學堂大門很氣派，一邊寫「中流砥柱」，一邊寫「大雅扶輪」，反映了洋務派辦此學堂的良苦用心。

隨後，魯迅拜見了叔祖周椒生。此時，魯迅身邊僅剩下兩塊銀元了。周椒生告訴他：「豫才這個名字你不要用了，今後不好進家譜，『十年樹木，百年樹人』，你就叫『樹人』吧！」

經過考試，魯迅被錄取在輪機堂，分配在管輪班的機關科。

魯迅在水師學堂秋季開學後，開始了學習。很快，這所官辦學校的沉悶壓抑、烏煙瘴氣令魯迅極為不滿。一是課程簡單、生活乏味。除了初級英文外，其餘課程與舊書塾沒有多大差別。作文多在三味書屋做過，仍實行八股標準。英文課本是

從印度搬來的，內容枯燥。二是等級森嚴，待遇不平等。校長稱總辦，有權處置學生，甚至可殺學生的頭。

最使魯迅氣憤的是，這裡的教師只會照本宣科，不願接受新知識。他們對新名詞、新概念總是望文生義。有位漢文老師居然說地球有兩個，一個叫東半球，一個叫西半球；一個自動，一個被動，這讓學生哭笑不得。

魯迅覺得學不到新知識，學校學生活動幾乎沒有。學生在枯燥乏味的校園裡的唯一樂趣是一週一次的爬桅杆訓練，爬上去後，可以眺望莫愁湖，近看獅子山，古城風光盡收眼底。

海軍學校學生按理應天天習水，學堂原有大游泳池，因為淹死了兩個學生，就被填平了，還在上面造了個小小的關帝廟來鎮邪。

魯迅覺得這所應是培養中國現代海軍人才的學校，思想太陳舊太迷信。每逢陰曆七月十五，還要請一群和尚到操場來捏訣唸咒。這些讓魯迅啼笑不得，他開始藐視學堂裡的一切。

在第一學期期末，就發生了讓魯迅決心退學的事。年底學校新派來一個派頭十足的教師，在學生面前他總是把眼睛瞪得大大的，裝成學者的架勢。有次上課點名，他把學生「沈釗」的名字唸成「沈鈞」，引起一陣哄堂大笑。

後來，魯迅和同學們都稱這位教員叫「沈鈞」。於是，總辦在兩天之內宣布：給魯迅和另外十多個同學記了兩次小過、

兩次大過，再犯一次小過，就得開除了。

1898 年 12 月，魯迅回到了家鄉，由於家裡的強烈要求，魯迅與弟弟周作人於本月 28 日參加了縣試，這是魯迅參加的唯一的一次科舉考試，沒想到這唯一的一次卻考中了。

但由於四弟的病逝而使魯迅無心繼續下去。魯迅人生的這段小插曲，反映了他當時也曾在科舉與進洋學堂之間徘徊，是年輕時代的矛盾與煩憂。

回到南京後，魯迅無法再忍受南京水師學堂的沉悶，於是他決心退出水師學堂。他聽說水師學堂西邊的陸師學堂附設礦務學堂，思想先進，能學到知識，於是就去報考，到礦務學堂開始了新的追求。

## 接受進化論思想的啟蒙

1899 年 2 月，魯迅改入南京江南陸師學堂附設的礦務鐵路學堂。這個學堂是仿照德制建立的，外文教的是德語，課程以開礦為主，鐵路為輔。

魯迅進礦路學堂的時候，戊戌政變已遭到失敗，但學校讀新書的風氣日益濃厚。那時來了一個新派人物俞明震當總辦，他坐在馬車上的時候，大都看著《時務報》。

考漢文時，俞明震自己出題目，與教員出得很不同。有一次，俞明震出的是《華盛頓論》，漢文教員反而迷惑地來問學

生道：「華盛頓是什麼東西呀？」對於這位新總辦，魯迅始終懷有好感，後來一直尊稱他為「俞師」。

　　礦路學堂還設有閱報處，看《時務報》、《譯文彙編》，這些期刊中帶著感情的文字、慷慨的言辭，在魯迅的心中引起了深深的共鳴。魯迅覺得這裡比水師學堂有意思多了。

　　因礦路學堂是新辦的，不僅免費，學生津貼也多一些，這樣魯迅就可以多買一些書籍和文具了。魯迅酷愛讀書，當時正是西方文化引入時期，幾乎每一月都有優秀的西方著作出版。為了買到這些書籍，魯迅省吃儉用，節衣縮食，餓肚子現象時有發生。寒冷的冬季，他還穿著單薄的袷衣。

　　魯迅是班裡年齡最小的，但卻是成績最好的一個，他有著極強的理解能力和記憶能力，平時學習又刻苦，所以幾乎每次考試得第一。

　　礦路學堂有著一套完善的獎懲制度，每次小考成績優異的，都發給一個三等獎章；若拿到三個三等獎章，可以兌換一個二等獎章；積夠若干個二等獎章，就發給一個頭等獎章。頭等獎章是金質的，很值錢。

　　魯迅是班裡唯一一個榮獲過金質獎章的人，他把獎章變賣了，換回許多優秀的圖書。有些同學覺得不可理解，金質獎章在同學中可是無限的榮耀呀！在魯迅看來，圖書比獎章更有用，他不需要任何滿足虛榮的物品。

在求學期間，魯迅經常讀《譯學彙編》，還讀了一些西歐的近代科學、社會學和文學的譯著。其中，對魯迅影響最大的是嚴復譯述的英國赫胥黎的《天演論》。

《天演論》是魯迅用 500 文錢，從城南的一家書鋪裡買回來的。魯迅翻開一看，在他眼前立即展現出一個聞所未聞的新鮮的思想境界。他一口氣讀下去，「物競」出來了，「天擇」也出來了。

魯迅如饑似渴地讀著，明白了強者才能生存，是大自然的規律。因此，自己要努力學習一些先進的、新鮮的事物，這樣才有可能找到振興中華之路。

這還使魯迅認識到現實世界並不是和諧完美的。一個人，一個民族，要想生存，要想發展，就要有自立、自主、自強的精神。不能甘受命運的擺布，不能任憑強者的欺凌。

於是魯迅的熱情被激發起來，他自稱「戎馬書生」，喜歡練習騎馬。他從馬上摔下來，弄得頭破血流，但還是繼續上鞍。他常常說：「落馬一次，即增一次進步。」他的騎馬技術還不錯，敢和精騎善射的旗人子弟競賽。

然而魯迅的叔祖周椒生逐漸感覺到自己招引來的這個本家孩子有被變法的潮流捲去的危險，他便鄭重地開導魯迅：「康有為是想篡位，所以他的名字叫有為，有者，富有天下，貴為天子也。難道這不是圖謀不軌嗎？」

魯迅聽後覺得非常可笑，叔祖竟然連康有為是什麼人也全然不知，還把他設想成篡奪帝位的造反者。所以他對此並沒有作任何的理會。

後來，他又對魯迅說：「你這孩子有點不對了，拿這篇文章去看看。」隨手遞過來一張報紙。

魯迅拿過來一看，原來上面登載的是頑固派許應騤彈劾康有為的文章。

那時魯迅沒覺得自己有什麼不對，把叔祖的話全當成了耳邊風。他一有空就一邊吃辣椒，一邊看《天演論》。以致《天演論》裡的有些章節，他熟到能背誦如流的程度。

魯迅後來幽默地說：「我不記得可曾抄了沒有？現在是一句也記不得了。」

直至晚年，魯迅還對許廣平說起這件事，問她：「許應騤是你什麼人？」

當他知道是許廣平族中的叔祖時，便半開玩笑地說：「我從小就吃過你們許家的虧。」

在以後相當長的一段時間裡，魯迅以進化論作為觀察社會現象，進行反封建抗爭的主要思想工具和武器。

魯迅在南京礦路學堂期間成績優異，使他在畢業後獲得了官費留學的機會。

在南京的 4 年間，中國經歷了觸目驚心的劇變，戊戌變法

失敗，義和團運動遭到鎮壓，八國聯軍蹂躪國土，這促使魯迅更加急迫地尋找新鮮的知識和救國的真理。

# 傳播自然科學知識

1902 年，魯迅在江南礦路學堂畢業了，根據個人申請，學校決定把 5 名成績優異的同學派到日本留學，但是有一名學生因家裡反對而放棄了這個機會。於是魯迅匆匆回紹興，告別了母親和弟弟，由上海乘船，東渡日本。

當時的日本，是世界上最大的中國留學生之鄉。1894 年，這個大清皇室的眼裡小小的「彈丸之國」，竟打敗了他們經營多年的北洋艦隊。於是清政府便派遣大批的青年和官僚來到這個用軍艦證明了自己是先進之邦的國家。

魯迅先到達了日本的橫濱，不久又轉到了東京。4 月，魯迅開始在東京弘文學院普通科江南班學習。這時的魯迅是興奮的，也滿懷著希望。

弘文學院是為中國學生辦的一所留日預備學校，來這裡的中國學生多數是中國舊式文人，有的拖著長辮子來到這裡，懷抱各種各樣的志願。有的是為了在改革的風潮中趕時髦，說不上什麼抱負；有的確是想學點新的本領，好回去挽救垂危的王朝；也有的是借此來玩一玩，看看島嶼國家的風光。

這些留學生們生活得很舒適，在上野櫻花開得爛漫的時

候，他們時常成群結隊在那裡悠閒地賞玩。他們本來拖著長辮子，現在因為留學生必須戴制帽，便把大辮子盤在頭上，直頂得帽子高高聳起。也有散開辮子，盤得平平的，摘下帽子來，油光可鑑，宛如小女孩的髮髻一樣。魯迅看到這種模樣，從心裡感到一種莫名的反感。

但並不都是這樣，也有一些留學生和非留學中國人胸懷大志。有從事反清運動的革命者，如孫中山、章太炎、鄒容、梁啟超等，他們的文字和宣傳感染著魯迅。

魯迅用功地學習著日語，經常要學習到深夜才睡覺。由於勤奮學習和資質過人，他的日語學得十分扎實，成績優異。這為他汲取外國文化的有益營養，創造了有利條件。魯迅的日語水平，曾贏得日本友人的普遍好評，稱讚他是「能講一口漂亮日本話」、「精通日語」的中國人。

當時，中國革命派正在東京進行反清活動，留學生中分為反清與保皇兩派。魯迅經常參加反清的集會。

魯迅還毅然剪掉了象徵清朝統治的辮子，並在斷髮照片上寫詩明志：「我以我血薦軒轅」，表示了他誓為國家獻身的決心。

魯迅作為第一個剪掉辮子的人，他在留學生中引起了強烈的迴響。一位清政府學監，揚言要停魯迅的官費，送魯迅回國，後來因為學監自己的辮子也被革命黨人強行剪掉，這事才不了了之。

在課餘時間，魯迅還大量閱讀近代科學、哲學和文學的書

籍，尤其喜歡拜倫、尼采、希臘以及〈離騷〉，同時開始考慮改造國民性問題。

有一天，一家日本報紙上登載著這樣一條消息：

一位名叫本多的日本博士到中國旅遊。別人問他：「你會說中國話嗎？」

他回答：「不會。」

「你不懂中國話，到中國旅遊能行嗎？」

「能行！」

「是否需要翻譯給你帶路？」

「不需要！」本多說著，把手杖舉起來，用力一揮，接著說：「這手杖便是他們的話，他們都懂！」

這則消息分明就是在說日本人用武力就可以征服中國人，也是對中國人的極大侮辱。魯迅讀到這個消息時氣憤不已，好幾天都吃不下飯，睡不好覺。

有一次，魯迅的名字「樹人」被人寫成「孺人」。魯迅看後笑著說：「孺人，我變成官太太了。可是即使我成了女子，也不願做官太太，還不如叫我孺子，雖然是乳臭兒，也比官太太強。」

同學聽了，開玩笑地說：「孺子可教也。」

魯迅說：「這個『可』字，不如改為『請』字好。唐朝時，日本曾向我國請教，今天我們在此留學，是向日本請教，也許過不久，日本又得向我們請教。」

求學育人

　　這些生活中的小細節都顯露了魯迅心中強烈的愛國之情。

　　當時，章太炎、鄒容、秋瑾等革命家，也已先後到達日本，革命的聲勢很大，革命活動相當頻繁。各省留學生為宣傳反清的革命思想，主辦的書刊也像雨後春筍般在東京出版了，如《浙江湖》、《江蘇》、《湖北學生界》……

　　在弘文學院，魯迅結識了浙江班的許壽裳。魯迅比許壽裳早半年來到日本。從此，許壽裳成為魯迅終生的摯友。有一次，兩人聊起中國人的命不值錢，竟都潸然淚下。

　　或許是因為欣賞西方文學家、科學家的思想與精神，魯迅常和許壽裳討論什麼是理想的人性，中國國民性最缺乏的是什麼，病因何在之類的問題。

　　魯迅除了看書、跑書店，與許壽裳進行思想交流，給《浙江潮》寫稿之外，還與革命救國熱情高昂的留學生群體一起活動，這曾給魯迅帶來了不少的快樂。

　　魯迅這時已經對變成保皇派的改良派人物徹底失望了，而對新興的革命黨深為敬佩。他開始深思如何透過革命來喚醒民眾。

　　有一次，魯迅淒然地對許壽裳說：「中國人的生命在歷史上一直是不值錢的，特別是當了異族的奴隸之後。」

　　他深深地嘆了一口氣，與好友探討起中國的國民性有哪些弱點，提出了三點疑問：

1. 怎樣才是最理想人性？

2. 中國國民性中最缺乏的是什麼？

3. 他的病根何在？

這三個問題幾乎成了魯迅一生苦苦探索的課題。

1903 年，也就是魯迅到日本後的第二年，他不僅在翻譯和創作方面做了不懈的努力，在科學翻譯和科學介紹方面，更是做了不少工作。

魯迅最初的關於文學和科學的譯著，就在《浙江潮》上發表。1903 年 6 月出版的第五期上，登了魯迅翻譯法國作家雨果《隨感錄》中的一篇故事，題名為〈哀塵〉，連同一篇兼有翻譯和創作成分的〈斯巴達之魂〉，一併登載在「小說」欄裡。

〈哀塵〉原名〈芳梯的來歷〉，所譯的這個片段是雨果自己敘述的在 1841 年目睹的一個下層婦女被侮辱、被損害的事實：在一個冰天雪地的臘月裡，一個無賴少年，無端用雪球戲弄一個貧苦的婦女。這個婦女自衛時卻被巡警看到，他顛倒是非，將這個婦女無辜監禁 6 個月。

魯迅在這篇短短的譯文中，融進了鮮明的愛憎。他憎惡那個無端凌辱婦女的無賴少年，把他的名字譯成「頻那夜迦」。這名字是印度神話中的一個惡神。

魯迅用他的第一個譯品表明：

他的心，是屬於被損害的、苦難的兄弟姐妹。

而〈斯巴達之魂〉是魯迅公開發表的第一篇文學作品，充滿了青年血氣的慷慨悲歌。寫這篇文章，正是俄國向清政府提出不平等條約，日本的留學生拒俄運動高漲之時。

在這期間，魯迅發表了根據外國作品改寫的小說〈斯巴達之魂〉，論文《中國地質略論》，與友人合編關於中國地質和礦產分布狀況的專著《中國礦產志》，還翻譯科學幻想小說《月界旅行》、《地底旅行》。進一步表現了青年魯迅愛科學的熱情和強烈的愛國主義精神。

魯迅希望透過自己傳播自然科學知識的努力，促使百姓從矇昧中解脫出來。另一方面，這些自然科學知識，也為日後他成為偉大的思想家打下了良好的基礎。

少年時代的魯迅，曾親身體驗過國家醫學落後給他帶來的痛苦，他希望自己能成為一個有真才實學的醫生，好去救治那些和父親一樣求助無門的病人。

後來，魯迅在求學期間知道了日本的明治維新就是發端於醫學的進步，儘管這種記載可能有誇大失實之處。但這對於尋求救國之路的青年，具有很大的吸引力。

1904 年 4 月，魯迅完成了在弘文學院的學業，他沒有虛度年華，在這個學院裡，他不僅為考入專門學校作了學業上的準備，也為他一生創造的輝煌業績作了重要的知識準備。

# 因受到歧視棄醫從文

　　1904 年 9 月，魯迅進入仙臺醫學專門學校學習。他立志學醫，是希望用新的醫學，來「促進國人對於維新的信仰」。

　　留日時期的魯迅無論學什麼，都認為可以用它來重塑國民性，即所謂「立人」，學醫也是如此。不僅如此，魯迅還希望現實生活中也能遇見具有令他滿意的人性與觀念的人。

　　仙臺是東京北邊的一個小城市，工商業不發達，偏僻而幽靜，城內綠樹成蔭，景色秀麗。

　　魯迅的這一選擇成了仙臺市的新聞，當地的地方報紙稱他是「可自由使用日語，為一異常活潑之人物」，還說他「正在尋找經營中國飯菜的飯店」。有幾個教職員也為他的食宿而操心。

　　在仙臺，魯迅開始學習解剖學、組織學、生理學和物理學等課程。這裡的老師都很嚴格。魯迅聽幾個留級的「原班生」說，他們之所以留級，是因為有兩門課過不了關，其中一門是解剖學。

　　這些老師中，最先走入魯迅心靈世界的則是衣著隨便、教課認真的教師藤野嚴九郎。他是講骨學的先生，黑黑瘦瘦的，留著八字鬍，戴著眼鏡。

　　當藤野先生得知魯迅是從中國來的留學生時，他感到非常驚喜。他告訴魯迅，他年少時曾經學過漢語，他尊敬中國，也就對中國人特別高看。

　　剛上了一個星期的課時，藤野先生讓助手把魯迅叫來，並問他：「我的講義，你能記錄下來嗎？」

　　「可以記一點。」魯迅回答說。

　　「拿給我看看。」

　　魯迅交出用日文記錄的講義，過了兩三天藤野先生便把它還給了魯迅。魯迅打開一看，講義從頭到尾，都用紅筆給添改過了。這樣的添改一直堅持到功課的結束，這使得魯迅非常的感激。藤野先生改過的講義，魯迅將其裝訂並收藏起來。

　　正是藤野先生使得魯迅在仙臺刻苦求學的同時，原本孤獨的內心還可以有一種讓其留戀、讓其溫暖的人情交往。魯迅學習勤奮，受到了藤野先生的熱切關懷和幫助。

　　一天，藤野先生又把魯迅叫到了他的研究室裡，他翻出魯迅所記錄的講義上的一個圖來，手指著那圖，和藹地說：「你看，你把這條血管移了點位。當然，這樣一移比較好看，但是解剖圖不是美術，實際是怎樣就怎樣，我們不能改換它。我已經替你改好了，以後可要全照著黑板上那樣畫。」

　　期末考試成績發表了，魯迅在同年級 142 名學生中，名次排在 68 位，魯迅對自己這個位居中的成績並不滿意。

　　這時解剖實習開始了，一個星期後，藤野先生很高興地對魯迅說：「我聽說中國人很信鬼，所以很怕你不肯解剖屍體，現在總算放心了，沒有這回事。」

　　那時，出乎意料的流言出現了。學生會幹部藉故來檢查魯迅的講義，接著又有人寄給魯迅一封匿名信，開頭便是氣勢洶洶的一句話：「你悔改吧！」信中汙蔑魯迅在上學期的解剖學考試之前，事先得到藤野先生泄露的考題，所以才能取得好成績。

　　魯迅在憤怒中體會到弱國國民的悲哀：中國是弱國，在別人眼中中國人只能是低能兒，如果考得好成績，便不可能是自己的能力了，所以才被人猜疑。儘管這流言不攻自破，但是這件事情卻深深地刺痛了魯迅。

　　接著，魯迅想透過醫學啟發中國人的覺悟的這種夢想並沒有維持多久，就被嚴酷的現實粉碎了。不久之後的一件事情，讓他發現正是自己的同胞，已經喪失了民族的尊嚴感。

　　有一次，在有關日俄戰爭的幻燈片上，魯迅看見一個替俄國軍隊當偵探的中國人，被日本軍隊抓住殺頭，而圍觀的中國人竟無動於衷。

　　課堂上的日本學生得意揚揚地歡呼：「萬歲！」這叫聲讓魯迅聽起來顯得那麼的刺耳，更何況耳中又飄來一句竊竊私語：「只要看看中國人的樣子，就可以斷定中國必亡。」

　　魯迅看到銀幕上無論是被槍斃的中國人，還是作看客的中國人，體格都很強壯，但是他們的精神卻是那樣的麻木。這使魯迅痛切地感到：醫學並非緊要，如果思想不覺悟，即使體格健壯，也無濟於事。

　　當時魯迅認為頭等重要的還是改變人的精神，而善於改變精神的是文藝。於是，魯迅決定棄醫從文。

　　魯迅在日本留學期間，最尊重的老師就是藤野先生。藤野生活樸素，當時的教授上課，來回都坐人力車，而藤野則是步行。藤野住在空堀町，離仙臺醫專有步行三五分鐘的距離。

　　魯迅離開仙臺前曾到他家去過，他送給魯迅一張照片，背面寫上：「惜別藤野謹呈周君。」

　　魯迅為了安慰藤野，曾故意說：「我想去學生物學，先生教給我的學問，也還是有用的。」

　　1906 年 3 月，魯迅辦理了退學手續，那時這一學年還沒結束。他離開仙臺，到東京開始了新的人生旅程。

## 鍥而不捨地堅持寫作

　　魯迅於 1906 年春天重返東京。回到東京的魯迅只是把學籍放在了東京德語協會的德語學校。這時，魯迅的身分依然是官費留學生，但他不再進正式學校了，只想學外語，用來敲開外國進步文學的大門。

　　回東京後，魯迅將棄醫從文之事告訴好友許壽裳。魯迅以為，也就許壽裳能夠理解他的決定，其餘人大概只會暗笑他丟掉能謀生的專業、選擇了不能賺錢的文學。魯迅不管這一切，他就是要走自己的路。

家人幫魯迅訂婚時，魯迅正在日本。得知後，魯迅便寫信表示反對，提出要朱家姑娘另嫁他人。家裡人拘於舊俗，認為悔婚對兩家名聲都不好，姑娘更沒人要了，便托族人周冠五寫信去規勸。

魯迅心情很是複雜矛盾。出於對母親的尊重和愛，認為她給找的女人大概不會錯的，就勉強答應下來。但在回信的時候，提出兩個要求，要娶朱姑娘也行，一要她放腳，二要她進學堂讀書。朱安是個舊式婦女，思想保守，認為腳已經定型，放不大了；女人進學堂，也不合習俗，所以都沒有實行。

魯迅不願違抗母命，不想讓母親難過，他想：「母親願意有個人陪伴，就隨她去吧！」魯迅終於懷著這樣的心情，同意和朱安結婚。魯迅的婚姻不是為了對朱安的愛，而是對母親的愛和順從。

魯迅在了卻母親心願之後，立即帶上弟弟周作人回到了東京。

在日本留學期間，魯迅深受革命家章太炎的影響，站在革命派立場，開始了對維新運動的批判。當時的東京，以孫中山、章炳麟為代表的革命派，與康有為、梁啟超等保皇派，進行尖銳的抗爭。

魯迅師從章太炎，與陶成章等革命派往來密切，並成為反清革命組織光復會的成員。

　　章太炎是國學大師。他在出獄以後，東渡日本，一面為《民報》撰文，一面為青年講學，其講學之地，是在大成中學的一間教室裡。

　　1908 年 7 月 21 日，魯迅等人來到章太炎先生的寓所，開始向這位學識與膽識都超群的老師學習。在狹小的寓室裡，師生席地而坐，中間是一張小矮桌。8 時整，章先生準時開講。講的是音韻學，先講 36 個字母和 22 部古音大略，從容不迫，侃侃而談，言辭深奧，但是沒有一句空話。

　　在這之後的幾個月，每逢星期日，魯迅和其他幾位同學都要到民報社聽講。章太炎先生在不到半年的時間裡，給他們講了《說文解字》、《爾雅義疏》，還講了一些文學知識。

　　據說章太炎先生愛發脾氣，可是對於青年學生，卻和藹可親，隨便談笑，就像家人朋友一樣。

　　魯迅凝神諦聽，很少發言。

　　有一次，章太炎問：「文學的定義是什麼？」

　　魯迅回答說：「文學和學說不同，學說所以啟人思，文學所以增人感。」

　　先生聽後說：「這樣區分雖略勝於前人，但仍有不當。比如郭璞的〈江賦〉雖然是文學作品，卻沒什麼原因能讓人哀樂呢？」

　　魯迅沉默不語了，回去後，他對自己的朋友說：「先生解釋

的文學概念，範圍過於寬泛了。實際上，文字與文學是應當有區別的。〈江賦〉這一類的作品，很難有什麼文學價值。」

章太炎先生那時生活貧困，一天僅吃兩餐素食，但是精神健旺，雙目炯炯。他廣博的見識，高超的思想，都深刻地影響了魯迅。

當時，魯迅與朋友們討論最多的是關於中國國民性的問題：怎樣才是理想的人性？中國國民性中最缺乏的是什麼？它的病根何在？透過這種思考，魯迅把個人的人生體驗同整個中華民族的命運聯繫起來。探索國民性問題成為魯迅一生的思索，奠定了他的基本思想基礎。

魯迅在棄醫從文後，渴望用文藝為武器追隨革命派為國家的新生而奮鬥。他確信文學藝術可以改變人們的精神，進而使國家贏得新生。因此，魯迅決定和幾個志同道合的人商量辦一個文藝性的雜誌，以此來作為園地，發出自己的聲音，表達自己的理想，為國家盡一點力量。

魯迅對歐洲文藝復興時期那種活力強勁的文學充滿了好感，所以用但丁的一本詩集的名字《新生》作為這個刊物的名稱，取「新的生命」的意思。

當時在東京的中國留學生中，有不少學習法政、理化以及工業的，但學習文學和美術的卻非常少。就在這冷淡的氣氛中，好不容易找到了幾個人，於是開始著手準備了。

魯迅為這個刊物做了不少工作，約了一些稿子，連封面、插圖都選好了，稿紙也印出來了，《新生》就要誕生了，魯迅激動萬分。

出版的日期快到了，但是走掉了一個作者，接著能給這個雜誌出錢的人也走了。

魯迅返鄉結婚之前，答應支持這個刊物的有許壽裳、陳師曾、袁文藪、蘇曼殊等人。可是這次到東京後，雖然多了一個周作人，但袁文藪卻到英國留學去了。袁文藪對於這個雜誌的命運是至關重要的，因為原來要由他墊付創辦刊物的款項。袁文藪這一走，就只剩下一文不名的 3 個人了。

雖然刊物沒辦成，但魯迅仍不放棄，繼續如飢似渴地閱讀各種書籍，孜孜不倦地進行翻譯和練筆。

為了喚醒民眾，激勵鬥志，他更加認真地學習和翻譯外國文學作品，特別是那些被壓迫民族的進步文學作品。他當時最喜歡的作家是俄國的果戈里、日本的夏目漱石、匈牙利的裴多菲等。

因為當時日本很少翻譯這類作品，魯迅便經常去舊書攤，買來德國文學舊雜誌，看出版消息，以便及時搜求。有時，他開出書目托相識的人，向日本書店訂購某種書 —— 常常要等待兩三個月後，才能由德國遠道寄來。

當他覺得自己的文章可以拿得出手的時候，他開始投稿

了。最初魯迅把稿子投到上海商務印書館，稿子寄出去之後，他便焦急地等待著，期望有一天登載他的文章的刊物寄到自己的手中。

過了很久，上海寄來了郵件給他，但不是登著他的文章的刊物，而是他寄出的稿子原封不動地被退了回來。魯迅沒有灰心喪氣，他一如既往地追求下去。

魯迅把新寫的稿子又寄給上海商務印書館。可是不久又照樣被退回來了，而且附了字條，說是這樣的稿子，不要再寄來了，這很使魯迅感到失望。

不過魯迅還是繼續寫文章，然後寄出去，他以這種堅韌的性格，開始了文學道路的第一段路程。正是這種堅忍不拔、鍥而不捨的精神，使他排除了前進道路上的千難萬險，勝利地走到了目的地。

為了革命的文學事業，魯迅不辭辛勞地工作著，他不停地尋書、買書、學習、翻譯......常常廢寢忘食，通宵達旦。

他讀書的趣味很濃，每次從書店歸來，錢袋總是空空的，他和許壽裳相對苦笑，說了一聲：「又窮落了。」

但是魯迅的生活過得相當簡樸，他只有單的、夾的、棉的三套衣服。在東京的幾年，他幾乎沒有添置什麼東西。為了貼補生活的不足，他又為湖北留學生翻譯的《支那經濟》全書做校對工作。可是只要有點錢，又被他用到了買書上。

魯迅堅持寫作，他從1907年底至1908年，先後在《河南》雜誌發表了幾篇重要論文。

其中〈人的歷史〉介紹達爾文的生物進化學說和西方科學思潮的演變。1908年發表了〈文化偏執論〉、〈科學史教篇〉、〈摩羅詩力說〉，分析西方資本主義文化發展的歷史特點及其存在的偏頗。

〈摩羅詩力說〉就是鼓吹敢勇猛反抗強暴的拜倫式的精神戰士，這是魯迅棄醫從文後所寫的第一篇文學論文，代表著魯迅更堅實地踏上了文學的道路，並且是以一個勇猛的反抗者身分踏上這條道路的。

在日本留學的7年，魯迅廣泛涉獵外國的自然科學、社會學說、文學藝術和哲學，開始形成早期的社會思想和文藝思想，成為反帝反封建的革命民主主義者，並且確定了用文學作為自己為國家的獨立自由、為人民的思想解放而抗爭的武器。

# 思索中國革命歷史教訓

1905年7月，孫中山從歐洲來到日本。8月13日，在東京開歡迎會，孫中山發表演講，盛況空前。在孫中山的領導下，原來的革命團體興中會、光復會、華興會聯合起來，組成了中國同盟會，並以「驅除韃虜，恢復中華，創立民國，平均地權」為綱領。

魯迅剛返回東京的時候，他仍住在原住的伏見館。由於厭惡那些住在同館裡的熱衷於升官發財、語言無味的留學生，到了第二年春天，就搬出來了。

第二個寄居的地方叫中越館，地點十分清靜，可是房租飯費比較貴，伙食卻十分糟糕。

1908 年春天，魯迅的好朋友許壽裳結束了在東京高師的學業，準備去歐洲留學，就在本鄉區西片町找到了一所房子。那裡原來是一個日本紳士的家宅，庭院廣闊，花木繁茂。但是費用大，非拉幾位朋友合租不可，魯迅也被拉去了。

因為一共是 5 個人，這個住宅就叫做「伍居」。魯迅從 4 月搬進去，住到了 1909 年初春，差不多 10 個月。

同盟會成立後，他認識了許多革命派的人物，比如說徐錫麟和秋瑾，還有陶成章。他們交往密切，這些朋友，幾乎每天下午都到魯迅的住處來，彼此暢談理想，交流革命活動情況。

有一個革命者叫陶成章，是光復會的副會長，他經常用草繩做腰帶，穿著草鞋，在鄉間來往，計劃起義，被章太炎戲稱為「煥強盜」、「煥皇帝」，魯迅也這麼稱呼他。

他喜歡在魯迅的寓所中眉飛色舞地談話，口講手畫，講什麼地方不久就會「動」起來。他曾為了防止日本警官搜查，把一部分會堂文件，托魯迅保管。

其中有一個空白的票布，布上蓋有印章，其中一枚是紅緞

的，叫做「龍頭」。陶成章笑著對魯迅說：「填給你一張正龍頭的票布如何？」

據有人考證，「正龍頭」是一種很高的職位，是僅次於「君主」以下的「將帥」，是可以自開「山堂」的「老大哥」。

這表明了他對魯迅的信賴，認為魯迅是意志堅定的革命同志。有時陶成章和魯迅開懷暢談，到了吃飯的時候，主人見身邊有錢，就添一樣菜，否則就吃普通飯。

後來，魯迅曾說：「我曾經當過強盜，強盜的情況，我可熟悉啦！」

這裡所謂的「強盜」，就是魯迅戲稱革命黨人的話，說明他當過革命軍。

還有一個人，叫做蔣智由，來到日本很多年了，是一個很有名望的維新派並主張革命的人物。魯迅和許壽裳曾去拜訪過他。

蔣智由為了參加光復會，一度把「智由」寫成了「自由」，以表示他革命思想的激烈，但實際上他卻是個投機分子。

在他留日之前，很受梁啟超的賞識，當了革命黨後，寫過送給陶成章的詩，還在革命派中傳誦了一時。

在他還沒變節的時候，魯迅有一次見到他，談到服裝問題，他說：「我覺得還是清朝的紅纓帽看起來有威儀，而我現在穿的西式禮服就無威儀。」

魯迅和許壽裳聽了，感到很奇怪。告辭出來之後，在路上

魯迅便說：「智由的思想變了。」

許壽裳點點頭，表示同意。從此他們就再也不和他來往了。

果然不久，蔣智由就改為主張君主立憲，反對革命了。魯迅鄙視這種人，送給他一個綽號 ——「無威儀」。

1907 年 7 月，消息傳到日本，說安徽巡撫恩銘被刺殺了，刺客是徐錫麟，已經被抓到了。不久，又傳來秋瑾被殺害的消息。徐錫麟和秋瑾的被害，激起了魯迅的萬分的悲痛，他們都是革命分子啊！

當徐錫麟的案子波及秋瑾時，大家都勸她去避難，但是她不願丟下自己的學生們一走了之，終於血灑紹興軒亭口。

但是聽說徐錫麟死的時候，心被挖出來，讓恩銘的親兵炒著吃掉了，大家都非常憤怒。在日的紹興籍留學生就開會，討論對徐、秋兩案的處理方式。

蔣智由主張發電報給清政府，要求不再濫殺黨人。革命派大力反對，認為說話別無用處，頂多是痛斥清政府慘無人道而已。

在會上，雙方辯論得很激烈，蔣智由說：「就算是豬被殺的時候，還要努力叫幾聲呢！」

魯迅反駁說：「豬才只能叫一叫，沒別的本事。人可不能就這樣罷休了！」

會後，魯迅就仿造蔣智由寫給陶成章的詩，寫一首打油詩，以表示憤怒和嘲諷。蔣智由的原詩是：「敢云吾髮短，要使

此心存。」大有以「此心」酬革命的樣子。

魯迅只改動幾個字:「敢云豬叫響,要使狗心存。」

於是活生生地描繪出了蔣智由的原型。這類保皇派,在魯迅的心目中,就是一群豬狗。但是魯迅與那時的革命黨人也有分歧,他並不同意他們一時意氣用事,進行暗殺、冒險活動,他認為這些衝動的行為,是不會帶來真正的勝利的。

有一次,革命黨人命令他去暗殺,他就說:「我可以去,也可能會死,死後丟下母親,怎麼辦?」

他們說:「你總擔心死後的事情可不行,如果是這樣,你就不用去了。」

其實,魯迅也有強烈的愛國心,但是他主張腳踏實地的持久戰,不太贊成逞一時之勇。他自謙地說:「革命者叫你去做,你只得遵命,不許問的。我卻要問,要估量這事的價值,所以我不能做革命者。」

魯迅還認為光復會連能稱得上的政綱都沒有,所以它注定了要失敗的。他同時自嘲地說:「我就是屬於光復會的......我們那時候,實在簡單得很。」

「那時的講革命,就像兒戲一樣。」

魯迅經常在思考中國革命的歷史教訓,啟示人們去觀察中國的民主革命,是怎樣經歷幼稚而曲折的道路,最後逐漸走上勝利的坦蕩大道的。

# 啟發學生破除舊觀念

魯迅曾想過到德國留學，無奈湊不出學費，加上母親與尚未畢業就已成婚的弟弟周作人需要他的經濟幫助，魯迅只好回國謀職了。1909 年 7 月，魯迅結束了前後 7 年的日本留學生活回國。

魯迅回國的時候，儘管清王朝的末日已經不遠了，但畢竟還是存在著。那個愚昧、落後、保守的象徵 —— 長辮子，依然拖在男人們的腦袋後面。

為了避免意外的麻煩，魯迅一到上海便先去買了條假辮子。然後他就戴著這個假辮子回鄉，眾人用懷疑的眼光研究他的辮子，當發現辮子是假的時候，都為他捏了一把汗。

有一位本家甚至準備去告官，只是擔心革命黨的造反也許會成功，才打消了這個念頭。

魯迅這才知道缺少一條辮子還要招惹到許多難聽的辱罵，小則說與別人家的女人關係不正常，因為那時候捉住了這種人，首先要剪掉他的辮子；大則說他「裡通外國」。

魯迅對此非常憤慨，他想：「如果一個沒有鼻子的人在路上走，大約未必會這樣受苦，而缺少一條辮子卻要受到社會上這樣的侮辱。這是多麼的愚昧，多麼的可憐啊！」

此時，於 1909 年 4 月先期回國的許壽裳，已經當上了杭州兩級師範學堂的教務長。

浙江兩級師範學堂，又稱浙江官立兩級師範學堂，是中國建立最早的六大著名高等師範學校之一。兩級師範的薪水為浙江全省之最，而且功課又輕，每個人都想進去。

有許壽裳在，魯迅自然方便，況且監督沈鈞儒十分開明，所以許壽裳一推薦，魯迅便得到了教職，任化學、生理教師，兼作日籍教師鈴木的日語翻譯。

為了上好課，加上還要翻譯許壽裳上課需要的資料，魯迅每天都要熬夜。幸好有校工陳福給他買條年糕和強盜牌香菸，魯迅才得以安心備課，取得了非常好的效果，連別班的學生也來要講義。

魯迅住在學校第一進房子的西首樓上，房子位置很好，又寬敞，裡面堆滿了書籍和製作標本的工具，可見魯迅的專業興趣。西樓住了好幾位單身教師，他們一有空就喜歡到魯迅屋子裡來玩。

尤其是每到週六中午，都要來聚餐。魯迅酒量不大，可是喜歡喝幾杯。原本泛黃的臉頰發紅之際，魯迅便開始發揮講諷刺笑話的才能了。

夏丏尊回憶說：

魯迅平時不大露笑容，他的笑必在詼諧的時候。他對於官吏，似乎特別憎惡，常模擬官場的習氣，引人發笑。他在學校裡是一個幽默者。

那時，魯迅的周圍確實有一群不錯的同仁，使得他的教師生活沒有陷入寂寞。魯迅自己似乎也很珍惜，一發薪水就請他們到城裡下好館子。

中午聚會結束後，魯迅常會邀上生物教師楊乃康或學生，有時也獨行，去西湖的孤山一帶採集植物標本。他這樣做不僅因為他覺得生物教學必須走進大自然，更因為百草園的美好記憶。

魯迅不僅學識淵博，精通生物學、生理學，而且尊重科學，嚴肅認真。魯迅確實喜歡探究大自然，並在積極準備寫一本《西湖植物誌》，以充實教學、愉悅自己。最終雖未能完成此著，卻使魯迅在兩級師範有過一段忙碌快樂的生活。

魯迅有著先進的教育思想，他倡導民主主義新文化，反對封建主義舊文化，透過講授自然科學知識，啟發學生破除舊觀念、舊傳統。

教生物學時，魯迅用通俗淺顯的例子講授「胚胎學」，批判「轉世輪迴」的宿命論觀點。魯迅還應學生的要求，加講生殖系統的內容。

在他所編的生理學講義，長達約 11 萬字的《人生象》裡，就有關於生殖系統的一章。當時全校師生都驚訝不已，魯迅卻毫無顧忌地去上課。他的老同事夏丏尊回憶當時的情景說：

> 周先生教生理衛生，曾有一次，答應了學生的要求，加講生殖系統。這事在今日學校裡似乎也成問題，何況在百年前的

清朝時代。全校師生們都為之驚訝，他卻坦然地去教了。他只對學生提出一個條件，就是在他講的時候，不許笑。

他曾向我們說：「在這些時候，不許笑是個重要條件。因為講的人態度是嚴肅的，如果有人笑，嚴肅的空氣就破壞了。」大家都佩服他的卓見。據說那回教授的情形，果然很好。

別班的學生因為沒聽到，紛紛來要油印的講義。魯迅指著剩餘的講義，說：「恐怕你們看不懂，要麼，就拿去。」

在教育方法上，魯迅非常重視調查研究和科學實驗，使學生看得見，摸得著，能理解，記得牢。

日語翻譯是在課堂上即席進行的，日本教師講一句，魯迅翻譯一句，學生就根據他的口頭翻譯來做筆記。鈴木偶爾講錯了，魯迅就在翻譯時代為糾正。學生在課堂上向鈴木提出問題，有的提得不當，魯迅就直接處理了。翻譯這個差事是不容易做好的，但是魯迅卻做得很好，深受學生的讚許。

為了幫助鈴木教好植物學，魯迅常帶領學生到葛嶺、孤山和北高峰一帶去採集植物標本。採集回來，他就進行整理加工。現在杭州高級中學還保存著魯迅帶學生採集的植物標本。

有一次，在採集標本的途中，學生們看到路邊一株開著小黃花的植物，指著問鈴木老師它叫什麼？

鈴木應聲答道：「一枝黃花。」

學生們竟然哄堂大笑起來，原來他們以為鈴木不懂，是信

口開河隨便說說的。

魯迅在一旁很嚴肅地對大家說：「我們做學問，知就是知，不知就是不知，不能強不知為已知，不論學生或老師都應該這樣。你們可以去查查植物大詞典，剛才這種植物屬於菊科，有圖可以對照，學名就是叫黃花。」

魯迅敢滿足學生的正當要求，敢開風氣之先，他那種銳意革新的精神，深受大家的尊重和喜歡。

放學後，學生們常常到魯迅的宿舍裡，向他請教問題。他一點也不擺架子，總是態度和藹，耐心地解答。有時直至深夜，他也從不厭煩。

當學生離開他的宿舍時，魯迅總要挑起燈籠相送，囑咐他們：「慢慢走，別滑倒了。」回來後，他常常繼續工作，甚至直至天明。

有位同事見到魯迅的鼻孔總是被煤油薰得黑黑的，身體也消瘦了不少，便對他說：「你知識那麼淵博，何必這麼辛苦呢？」

魯迅笑笑說：「我這樣工作，已經習慣了。」

魯迅在杭州一年，工作十分勤奮，生活卻非常簡樸、刻苦。許壽裳曾回憶說：

魯迅極少遊覽，在杭州一年之間，遊湖只有一次，還是因為應我的邀請而去的。他對於西湖的風景，並沒有多大興趣。

「保俶塔如美人，雷峰塔如醉漢」，雖為人們所豔稱，他卻
只說平平而已。煙波萬頃的「平湖秋月」和「三潭印月」，
為人們所流連忘返，他也只說平平而已。

魯迅也不講究穿著，一件廉價的羽紗，從端午節前一直穿到
重陽節。他晚上總是工作、學習，睡得很遲。強盜牌香菸、
年糕，這兩樣東西是每夜必須準備的。

工友陳福是專門照顧教師生活的，魯迅對他很有禮貌，用
平等的態度相待。他對魯迅也很好，每晚搖就寢鈴之前，就替
魯迅買好那兩件東西。星期六夜裡，準備得更充足。

魯迅在浙江兩級師範學堂任教期間，與師生、工友都相處
得十分融洽。

## 領導反對頑固派的抗爭

魯迅在浙江兩級師範學堂任教的前幾年，在民主精神不斷
高漲的影響下，浙江學界多次發生風潮。

1909 年 11 月，清政府為了加強鎮壓，派袁嘉谷出任浙江提
學使。行前，攝政王載灃召見袁嘉谷，「面諭」不得「因循敷
衍」。就在這時候，沈鈞儒被選為浙江諮議局的副局長。

於是，浙江巡撫增韞，就乘機請出夏震武繼任兩級師範學
堂的監督。

夏震武，浙江富陽人。原來是省教育會會長，提倡所謂
「廉恥教育」。夏震武在就任前，以為後臺強硬，有恃無恐，要

求增韞「始終堅持，不為浮議所搖，教員反抗則辭教員，學生反抗則黜學生」。

在得到增韞的肯定答覆後，夏震武於 1909 年 12 月 22 日到校。一到校便揚言：「神州危矣！將有普天為夷之懼。」可見夏震武是個魯四老爺式的人物，是連保皇立憲都要拼死反對的封建頑固派。

夏震武在來校上任的前一天，叫人送來一封信給監學許壽裳，信中大意是說，他準備明天到校，全校教師必須各按自己的品級穿戴禮服，在一進會議室迎候，必須設立「至聖先師」孔夫子的神位，由他率領全體教師「謁聖」，不得有誤。

這封信在大家手中傳閱，引起了軒然大波。魯迅認為孔子是權勢者的聖人，不值得參拜。也有些教師認為教師們如果按各人的品級穿戴禮服去見夏震武等於是官場裡下屬參見上司的「庭參」禮節，有損於教師的人格。面對夏震武的倒行逆施，許壽裳、魯迅等進步教師決定給他一個反擊。

第二天，夏震武頭戴白石頂帽子，身穿天藍色大袍，外罩天青色套子，腳穿一雙黑靴，冠冕堂皇地來到兩級師範學堂。跟隨他來的還有各府代表 10 餘人，可是甬道上卻冷冷清清。

夏震武走進會議室後，教師們三三兩兩地進來，也不向夏震武打招呼，自顧自地找位子坐下。教師們也根本沒有按照他的要求穿戴什麼禮服。特別是魯迅，特意穿了西裝，留著洋髮，連假辮子也不裝一條。

夏震武面對這個「髡首易服」的「異黨」簡直火冒三丈了。

夏震武再轉眼一看，會議室正中長方桌上空空如也，並沒有供著「至聖先師」的神位。夏震武氣得大罵學校是「種種腐敗，非急於整頓不可」。

魯迅寸步不讓，厲聲要求夏震武將學校腐敗之處指出來。其他教師也紛紛站起來提出責問，夏震武被眾人問得啞口無言。

當天，全校教師罷課，並由許壽裳領頭擬寫《師範教員全體上增中丞書》。

夏震武氣急敗壞，寫信給監學許壽裳，責以三罪：「非聖無法」、「蔑禮」、「侵權」，信中還說，有此三者已經足以辱沒師範，加上連日開會、相約停課、頓足謾罵，是無恥者之所為。還說請自動辭去職務，不要汙損師範等。夏震武又命令教師立即照常上課。

教師們見到夏震武的信，愈加氣憤，大家決心繼續進行抗爭。如果夏震武賴在學校，則大家都離開學校。

魯迅鼓勵大家：「只要團結一起，大家一條心，我們就能勝利！」

經過商議，教師們決定搬到湖州會館。不久，魯迅和 10 多位住在校內的單身老師，將行李雜物全部搬到湖州會館。並電稟學部，公稟浙撫及提學使，請為辯清名譽。

夏震武繼續負隅頑抗，他罵許壽裳是梁山上的「白衣秀

士」，魯迅則是「拚命三郎」。還打算提前一個月放寒假，企圖把教員們分散。

可是這事早已驚動了整個學界，其他學校的教員也起來聲援了。省城各學堂在仁錢教育會開會集議，《申報》登載了〈學界公啟〉：

> 兩級師範學校監督夏震武對於教員，濫用威權，串引外人，
> 蹂躪師校，人所共知，無煩贅述。既為清議所持，竟至恬不
> 知恥，違背部章，提前放假。似此以私人志氣，凌蔑學界，
> 貽害學生，大局何堪設想！
> 凡為學界一分子，均得主張公道，維持教育前途。同人等準
> 於 19 日 16 時，假木場巷仁錢教育會開會集議，公決辦法。
> 事關吾浙學務全局，非區區為教員鳴不平也。屆時務乞早臨
> 為盼！

全省學界也議齊集省城，公決維持的辦法。《申報》以「兩級師範風潮再志」為題報導了這一消息。

罷課堅持了兩個星期，少數科舉出身的老師有些動搖了。夏震武乘機來拉攏這幾位教師。

魯迅知道後，嚴肅地指出：

> 這個時候，我們當中如果有人三心二意的話，我們就會有不
> 少人將被夏震武革除，新開的課程，也大都會被砍掉，那我
> 們就會前功盡棄了。現在只有堅持下去！

魯迅的言語堅定了大家的信心，抗爭終於堅持下去了。

迫於形勢，提學使發出各教員稟批，不以夏震武提前放假為然，有「提前放假，顯違部章」之語。省城各校教員又一次集會，公決催請提學使速行宣布解決風潮的辦法。由於教員堅持抗爭，提學使只得照會夏震武，略言奉撫憲諭，師範學堂由本署使暫行兼理，並由浙撫照會孫廑才太史智敏為會辦。實際上是令夏震武辭職，由孫智敏任兩級師範監督。

抗爭終於勝利了。新任監督孫智敏親到湖州會館來請魯迅等教師返校。夏震武平日為人木頭木腦，頑固不化，魯迅他們詼諧地稱他為「夏木瓜」。魯迅因此也就把這場反對封建頑固派的抗爭，稱作「木瓜之役」。

這是魯迅在教育界的第一次大勝利。然而，勝利者的心態並不會因為勝利而變得輕鬆。許壽裳因擔心社會說他想謀取校長職位發起了驅夏運動，於是在勝利之後立即辭去監學之職，前往南京。

許壽裳一離開，其他人也散去了，朱希祖去了嘉興二中，錢均夫則任浙江省立第一中學校長。

不久，上面又派一個御史出身的舊派人物來擔任監督，魯迅很不滿意，學期結束後，魯迅就回了紹興，到紹興中學任職。

# 上課從來不照本宣科

1910 年暑假，魯迅回到紹興，應紹興府中學堂之聘，教「天物之學」，即生物學。此時的魯迅已經 30 歲。

魯迅管學嚴謹，學生都以為他的來頭很大，因他與同盟會有關係，而且是英雄徐錫麟的朋友。於是同學們更加敬重他，魯迅的工作也因此十分省力。

當年 10 月，陳子英接任紹興府中學堂監督。經陳子英推薦，魯迅擔任該校監學，兼生物課教員。當時的府中，學制 5 年，博物課分 5 門課程，每年開設一門。魯迅任生物課教員，教兩門課程，即三年級的植物學，四年級的生理衛生，每週各兩小時。

據當時紹興府中學堂的學生宋崇厚回憶：

> 1910 年秋，魯迅 30 歲，他留短髮，沒有像一般人拖在腦後的辮子。走起路來挺胸、直腰，很有精神。他的步子走得比較快，而且習慣於走在路中央。
> 他的風度，與那些彎腰曲背，行走緩慢的教經學、修身的先生大不一樣。在他身上好像有一股使不盡的力量。

剪了辮子的魯迅對服飾很不講究，一年之中有半年穿著便宜的洋官長衫，要從端午節穿到重陽節。頭髮也任它生長，沒有時間去修理。

一天，學校裡的同事忍不住對魯迅說：「你去理理髮好不好呢？這樣看上去也好看些啊！」

魯迅詼諧地說：「怎麼？要我花錢給你們好看？這種事我做不到。」一屋子的同事聽了都大笑起來。

學校中熱情衝動的學生們對祖宗留下來的辮子也起了反感。有一次，學生們推舉代表來找魯迅，商議剪辮子的事情。出乎意料的是，魯迅勸他們說：「我看你們還是不剪的好，再等一等吧！」

學生們面面相覷，一個學生反問道：「先生認為究竟是有辮子好呢，還是沒有辮子好？」

魯迅和藹地說：「沒有辮子好，但是我還是勸你們不要剪。」

吃夠了剪辮子之苦的魯迅，是從愛護學生的角度出發考慮的。剪掉區區一條辮子，也不能使革命早日成功，反而把頑固派的目光集中到腦袋上，招來一些不必要的麻煩。所以他才勸學生不要做無謂的犧牲。

但是學生們並沒有理解魯迅的苦心，都不高興地離開，還抱怨魯迅是個言行不一的人。

過了幾天，魯迅發現在講臺下的許多辮子中間夾雜了幾個光頭。他裝作不知道，照樣講課，心裡卻為他們捏了一把汗。又過了兩天，有六個學生剪去了辮子，當晚便被學校開除。他們學校留不得，家又不敢回，吃夠了剪辮子的苦，這才體會到魯迅的苦心。

魯迅教剪了辮子的學生在上學時戴一種運動帽，他自己先

戴上，以稍稍避人眼目，免遭惡勢力的迫害。「震駭一時的犧牲，不如深沉的韌性的戰鬥。」魯迅走向了成熟。

魯迅講課，態度從容，語言精練而風趣，條理清楚。他上課從不照本宣科，總是從容地講述他自編的講義，有時用圖表，有時聯繫到自己的親身經歷，使學生聽了感到特別親切、通俗、易懂。

此外，魯迅還常常指導學生聽課和學習的方法，他要求學生上課時專心聽講，課後對照講義認真複習，不懂的要及時弄清楚，這樣才能有學習效果。

魯迅講授生理衛生，理論聯繫實際，深入淺出，使學生易於心領神會，幾十年不忘記。

為豐富生活，魯迅接觸了當地的革命文人社團，只見裡面儘是舊式才子氣息。他又失望了，又想離開了。

魯迅早年在故鄉讀書時，原名豫才。所以回到紹興府中學後，大家還親切地稱他為「豫才先生」。可是魯迅自己卻常把「豫才」寫成「預才」。

有的教員覺得奇怪，在閒談中問他：「豫才先生，你這個『豫』和那個『預』是不是相同的？」

魯迅回答說：「這兩個字原來是一樣的。我的長輩給我取名『豫才』，是希望我成為『豫章之才』，可是我還要預備呢，所以我喜歡寫這個『預』字。」

大家聽了都覺得很有趣，禁不住笑了。

魯迅在紹興府中學堂任學監時，課餘時間便常到泰生酒店小飲。因為酒店臨河，自備烏篷船，船艙裡養著多種鯽魚。人在雅室開窗俯瞰，鯽、鯉、鯖諸種活鮮一目瞭然，點食即捕，烹煮上桌，鮮魚美味，令人難忘。

當時，魯迅最愛吃的河鮮是清蒸鯽魚。宴請朋友時，他總要點這道菜。當然，魯迅先生有時也以魚乾、醬鴨、糟雞佐酒，而且特別喜食火腿。

在紹興府中學堂的日子，也是魯迅最為難忘的一段經歷。

## 敢「踢鬼」的人

轉眼之間，魯迅回到紹興任教已經一年多了。在辛亥革命還未爆發之前，魯迅一直把自己當做「預備」之才，積極做著迎接革命風暴的準備工作。

在教學之餘，魯迅常常利用假期，與三弟等人一造成會稽山一帶採集竹屋標本，並寫下了《辛亥游錄》二則，記錄他登山、臨海、採集植物標本時的情景。

魯迅還經常帶領學生走進社會，與實際生活接觸。他一直對治水英雄大禹非常景仰，所以在春天的時候，他就組織全校師生到大禹陵遊覽，探訪禹穴，以大禹的事跡，啟發學生抗清愛國的革命思想。

同年，魯迅在課餘時間裡輯錄唐代以前的小說，後來成書《古今小說鉤沉》，還輯錄了會稽的歷史地理逸文，後來成書《會稽郡故書雜集》。此外，他還負責編輯了《越社叢刊》第一集。

紹興府中學離魯迅的家大概有 2,500 公尺遠，為了能多擠出些時間工作，魯迅平時住在學校，只有到了星期六才回家一次。

魯迅回家的路有兩條，一條是石板鋪成的大路，雖然好走些，但是比較繞遠；另外一條泥路，走起來近得多，只是這條路上幾乎沒有人煙，而且還要經過一個墳地。

魯迅為了節省時間，常常走那條泥路。一天晚上，魯迅因為學校裡事忙，直至深夜才回家。將近岔路口的時候，他心裡盤算著：「這麼晚了改走哪一條路呢？泥路雖然難走，但畢竟近得多，時間還是寶貴的呀！」於是他決定和往常一樣，仍舊走那條近路。

乘著朦朧的月色，魯迅邁著急促的腳步往前走。當他將走近墳地的時候，他突然看見一個白色的東西在面前晃動：一下高，一下低，一下大，一下小，漸漸縮成一團，彷彿一塊大石頭，擋住了正面的去路。

一陣陰森森的風吹來，魯迅不禁打了個寒噤。於是他放慢腳步，邊看著周圍的動靜，邊在心裡想：「這樣的深夜不會有人在這裡走動吧？倘說真的是人，深夜跑到墳地來幹什麼，而且

鬼鬼祟祟地團縮在那裡？倘說不是人，又究竟是什麼東西呢？難道是『鬼』？」

魯迅學過醫，解剖過屍體，知道人死神滅，世間沒有鬼。可是前面那團白色東西，忽大忽小，忽高忽低，真一時不清楚是什麼東西。

「看來這次真遇上了人們傳說的、會變化的『鬼』了！應該走近瞧個明白。」魯迅心裡想。於是加快了腳步，盯住那團白色的東西，走了過去。

那段時間，魯迅正好在輯錄中國古代散失的小說，看到了不少談鬼說怪的材料。他覺得眼前真是個難得的好機會，可以試一試「鬼」的神通，看它有沒有像筆記小說裡講的那樣本領，會在人前變幻各種猙獰可怕的面目。

當時魯迅正好穿著一雙硬底皮鞋，他決定踢「鬼」一腳。當魯迅走進那團白東西時，那東西卻突然縮小了，蹲下了，靠在了一個墳堆。魯迅看準它，抬起右腳，猛踢出去，正好踢了個正著。

只聽見「哎喲」一聲，那個「鬼」霍地站起來，慌慌張張地跑了。原來，那個「鬼」是一個盜墓的小偷。

魯迅大笑起來，說：「原來『鬼』也是怕踢的？踢你一腳，怎麼倒變成人啦？」

這就是魯迅，無論對於什麼「鬼」，都不害怕，不退卻，決心踢它一腳，讓它露出真相來。

# 對學生和藹可親的校長

1911 年 10 月，辛亥革命爆發，魯迅懷著熱烈的心情迎接它。

1911 年 11 月 5 日，杭州革命成功的消息傳到紹興後，百姓歡欣鼓舞。當天，以魯迅的學生為主的越社，在紹興開元寺召開了一個迎接革命成功的大會。越社是 1908 年同盟會會員陳去病在紹興府中學堂任國文教員時組織的革命文學團體，府中的宋紫佩等人是骨幹。魯迅被推為大會主席，並發表了振奮人心的演說。

魯迅當下提議了若干臨時辦法，例如組織講演團，分發各地去演說，闡明革命的意義和鼓動革命情緒等。關於百姓的武裝，魯迅說明在革命時期，百姓武裝實屬必要，講演團亦須武裝，必要時就有力量抵抗反對者。

有一天，魯迅發現街上有些店鋪在上排門，有些人正在倉皇地從西往東奔走。一問才知道，是謠傳有敗殘清兵要過江來紹興騷擾，群眾不明真相，很是慌張。魯迅決定，立即擊退謠言，安定人心。他迅速趕到紹興府中學堂，發動學生整隊上街宣傳。

大家的手腳很快，一下工夫就印好了許多張油印的傳單，報告省城革命成功的經過和說明，絕沒有清兵過來的事情。

傳單印好後，隨即打起鐘來，學生立時集齊於操場，發了槍，教兵操的先生也跑來了，掛上一把較闊厚的可以砍刺的長

刀，這無非是防備萬一的。小心怕事的校長，抖抖索索地到操場上來講話，想設法攔阻，但沒有用處。

在路上，魯迅等一班人，分送傳單，必要時向人們說明，讓他們不要無端起慌。這次遊行宣傳很有效果，人心安定下來了，關上的店門又打開了，大家以為革命軍已到，紹興已經革命成功了。

魯迅對這段經歷很是感奮，每逢談起，他總帶著不少的興趣描述當時的情景，就好像剛剛出發回來，是那麼得新鮮和感動。

人心安定了，反革命勢力卻乘隙而入。殺人魔王紹興知府程贊卿為首的一些人，趁革命軍正式進入紹興府前的幾天，偽裝擁護革命，成立了所謂「紹興軍政分府」。

魯迅與范愛農第二天到街上走了一通，發現滿眼是白旗。然而貌雖如此，而骨子是依舊的，因為還是幾個舊鄉紳所組織的軍政府，鐵路股東是行政司長，錢店掌櫃是軍械司長，魯迅對此充滿了蔑視和憤慨。

幸而傳說當時革命軍首領之一的王金發真要率領革命軍到紹興了。魯迅便率領學生，興高采烈地去迎接。第一天等到深夜，沒有來。第二天晚上又去等，終於來了。整個紹興沸騰了。人民群眾提著燈籠，舉著火把，熱烈地在街上歡迎王金發的軍隊。

程贊卿組織的掛羊頭賣狗肉的所謂「軍政分府」立即被解散了。王金發組織了新的紹興軍政分府，自任都督。魯迅被任命為山會初級師範學堂監督。1912 年初，該學堂改稱紹興師範學校。

魯迅到紹興師範學校那天，身穿一件灰色棉袍，頭戴一頂陸軍帽，英姿勃勃，學生們「歡迎新校長的態度，完全和歡迎新國家的態度一樣」。

魯迅出任校長後，把留日時的同學范愛農請來擔任教務主任，全校其他教職員工，一律不動，連會計也沒更換，使大家很快就安下心來工作。魯迅的做法對當時「一朝天子一朝臣」的社會陋習，是一個很大的改革。

可是沒過多久，魯迅就發現：王金發他們雖然進了城，但對那些罪惡深重的官僚和豪紳，竟說「不念舊惡」，就連民憤極大的惡人和參與殺害秋瑾的主謀，都被輕易放過去了。

同時在那些封建的傳統勢力的賄賂下，王金發就逐漸妥協和腐化起來，大做「王都督」。衙門裡的人物，穿布衣來的，不到 10 天也大都換上皮袍子了，雖然天氣並不冷。

一天，一個學生來找魯迅，憤然地說：「這種情形可不行。我們要辦一種報紙來監督他們。不過發起人要借用先生的名字。我們知道你絕不會退卻的。」

魯迅答應了學生的要求，並為報紙取了名字。報紙一發

行，就引起了王金發的不滿。他先是派人送去了 500 元，但是收買失敗。

一天，一個消息傳到魯迅的家裡，說魯迅等人詐取王都督的錢，還辦報紙罵他，所以王都督要派人槍殺他。

魯迅的母親著急得連忙囑咐魯迅不要再出去了。魯迅笑著安慰母親：「會捉老鼠的貓不叫，王金發不敢拿我怎麼樣的。」然後，照常出去走動。

王金發果然不敢殺害魯迅，但是態度卻比過去冷得多了。給學校的經費，也一再被剋扣，使身為校長的魯迅，很難維持正常的工作了。

過去的監督如同官僚，到校時也只坐辦公室，不了解下情。魯迅與他們不同。他經常深入教室、操場、廚房、寢室，了解情況，及時處理問題。

魯迅工作認真，平易近人。有時教師請假，魯迅就親自為他們代課。學生反映，魯迅講課，簡明扼要，通俗易懂，印象深，記得住。

魯迅還代替請假的教師上作文課。有一次，他出的作文題目是：「楊子為我，墨子兼愛，何者孰是？」他引導學生們透過獨立思考，寫出文章。他也幫助國文教師批改作文。

據當時的學生孫伏園回憶，自己寫了一篇祝賀南京政府成立並改用陽曆一類題目的文章。魯迅批改後，在這篇文章的末

尾，批了「嬉笑怒罵，皆成文章」8 個字，給予鼓勵。事後，孫伏園經常對人說起。魯迅先生對他的鼓勵，使他終生難忘，時刻鞭策自己的學習和工作。

每天晚上，魯迅都去查看學生夜自修的情況。漸漸的，他發現學生們聽到他的腳步聲，就立即安靜下來，而且坐得端端正正的。他覺得這是不正常的現象，就和藹地對學生們說：「我又不是老虎，怕什麼，只要大家認真自修就好了。」

對一些只顧讀書，不注意體育鍛鍊，健康狀況不佳的學生，魯迅教育他們要注意加強體育鍛鍊，使身體強壯起來。

在 1911 年冬，魯迅創作了文言短篇小說〈懷舊〉。

〈懷舊〉是魯迅的第一篇創作小說，也是魯迅用文言文寫成的唯一的一篇小說。它寫成於《狂人日記》發表前七年。

由於時代條件和「五四」時期不同，也由於它是用文言文寫的，在 1913 年 4 月《小說月報》發表時，〈懷舊〉並沒有引起熱烈的迴響。

其實，無論從現代文學的時代特色或構成魯迅小說創作的風格特點說，〈懷舊〉都具有開端性質的歷史意義。

# 制定教育小說審核標準

1912 年 1 月，中華民國臨時政府在南京成立。南京臨時政府任命蔡元培為教育總長。應蔡元培之邀，許壽裳在「木瓜之役」之後，赴南京任中華民國教育部普通教育司第一科科長。經許壽裳向蔡元培推薦，1912 年 2 月，魯迅赴南京任教育部部員。

重回南京後，魯迅看見了辛亥革命帶來的一些新氣象。但不久一切又照舊，魯迅覺得自己不過是在混薪水。幸好，南京有個江南圖書館，裡面有許多珍貴的善本書。魯迅空餘之時常去借，以抄舊書來打發時日，消解自己對於時局的失望心情。

不久，北方軍閥袁世凱篡奪了革命誠果，強迫把臨時政府從南京搬到北京，孫中山被迫辭去臨時大總統，辛亥革命失敗了。魯迅又陷入深深的失望之中。

1911 年 5 月，教育部遷往北京，魯迅住進了玄武門外南半街胡同的藤花館。

蔡元培得知魯迅對美學、美術素有研究，便讓他擔任社教司第一科科長，負責推進全國的文化美術事業。魯迅也知道蔡元培喜歡美育，當然得做一番事情以示回報。然而，袁世凱等人只忙於爭權奪利，哪有心思發展事業，連部長蔡元培都沒法做好自己想做的事，而他只是小小的社教司科長而已。

轉眼到了暑期，為提高教師的專業素質，實施重視美育的

課程改革，蔡元培決定舉辦「夏期講習會」，請中外著名學者向教師講授政治、經濟、文學、藝術及佛教等 20 多種科目。魯迅承擔的是「美術講習會」。

對此，魯迅非常重視，特意撰寫了一本講義。第一次聽講的 30 多人中，中途退場的有五六個人，到第三次居然全體告假不來了。原來那時大家都在傳言蔡元培要辭職，大家覺得既然如此就不必來聽了。

事實確實如此，蔡元培再努力，也無法喚醒來參加臨時教育會議的各地代表積極投身改革，他的美育計劃竟被會議刪除了，蔡元培終於憤怒辭職。

魯迅對頑固派的這一行為十分憤慨，他在 1911 年 7 月 12 日的日記上寫道：「聞臨時教育會議竟刪美育，此種豚犬，可憐可憐！」

魯迅對書法、美術有著極高的鑑賞力，對篆、隸、章草等各種書體，均可熟練掌握。難怪他曾對友人表示「字不好」，但「寫出來的字沒什麼毛病」，顯示出他在文字學上的相當自信。所以，魯迅有時書興濃時，時常會將一兩個篆隸意的字摻雜於行書之中，渾然一體，趣味橫生。

可是接下來的幾年裡，北京的政治風雲變幻莫測，教育部的衙門，更是一片混亂和黑暗。總長和次長們像走馬燈一樣上臺下臺，部裡根本沒有人去辦正經事：有人在品茶，有人在下

棋，有人在聊天，還有人竟唱京劇，唸佛經，甚至整天手執拂塵，在身上彈出一宗難聽的音調。

魯迅對這種汙濁無聊的環境十分的厭惡。他實在不肯白白浪費寶貴的時間，當實在無公事可辦的時候，他就設法驅除自己的落寞。

他讀佛經，把佛教當做人類思想發展的史料來看，藉以研究人生觀；他抄古碑，蒐集金石拓本，輯錄和校勘古書，把自己沉於國民中，讓自己回到古代去，藉以深化對中國長期的封建社會和國民精神的認識。

1912 年 8 月起，魯迅被任為僉事。8 月 26 日，教育部公布了第一批經過任命的科長，魯迅為社會教育司第一科科長。因原第一科此時已併入內政部，魯迅原屬的第二科改為第一科了。

魯迅的熱情雖然屢遭碰壁，聽講無人，在部裡也很受孤立，單他還是百折不撓地提倡文學藝術，盡可能地克服各種阻力，來做一些有益於人民的工作。

1913 年 2 月至 5 月間，北洋政府教育部召開讀音統一會，任務是審定字音、核定音素和制訂字母。魯迅與許壽裳等都由教育部選聘為委員，參加討論。會上意見分歧，到討論制訂字母方案時，出現三派，各執己見，互不相讓。

最後，由魯迅與許壽裳、馬裕藻等共同建議，主張以會上據以審定 6,500 多字的字音時使用的記音符號作為字母，待表

決後，竟得多數。這套字母，就是為中小學一直沿用至今的「注音符號」。

從 1913 年 3 月起，魯迅具體負責全國兒童藝術展覽會的籌備工作，到次年 4 月才告完成。1914 年 4 月 21 日至 6 月 20 日，展覽會共展出兩個多月，展品主要是全國各地小學生的字畫作業及他們的手工作品，如刺繡、編織、玩具等。

展出期間，魯迅經常到會場值班辦公，甚至星期日也不休息。展覽結束後，又由魯迅等負責從展品中挑選出一批比較優秀的作品，送到巴拿馬萬國博覽會展出。

1915 年 9 月，魯迅被派擔任通俗教育研究會小說股主任。這個通俗教育研究會是秉承袁世凱的旨意組成的，規定小說股的任務是編譯和審核「寓忠孝節義之意」的小說，目的在進行奴化教育。

魯迅當然不會聽命於帝制派的策劃，主張「有權在手，便當任意作之」。

在當時可能的條件下，魯迅主持制訂了另一套《審核小說之標準》。其中，教育小說的審核標準規定如下：

關於教育之小說，理論真切，合於我國之國情者，為上等。
詞義平穩者，為中等。思想偏僻或毫無意義者，為下等。

1916 年 2 月，魯迅又被派參加籌備全國專門以上學校成績展覽會，忙碌了一兩個月。

　　這個展覽會於當年 3 月 15 日至 4 月 14 日展出一個月，參加展出的有全國 68 所學校送來的展品。

　　在這段時間裡，中國大地上有一種新的東西正在萌動。陳獨秀主編的《青年》雜誌於 1915 年創刊，1916 年改名為《新青年》，開始提倡文學革命。

　　魯迅帶著懷疑的眼光靜觀著，他每期都要閱讀。他在想：自己曾經吶喊過變革，但是沒有用。現在別人又在呼喊了，會不會有用呢？

　　但是從那年夏天起，他購買碑帖畫冊的數量減少了，一些外國書籍大量地出現在他的案頭，他對鼓動自由與反抗的外國文學的興趣復活了。

# 文化旗手

地上本沒有路，走的人多了，也便成了路。

—— 魯迅

# 成為新文化的偉大旗手

1917 年夏，魯迅獨自住在北京宣武門外的紹興會館裡。下班之後，他除了逛書店，基本上足不出戶，夜夜坐在燈下抄古碑。

很少有客人來紹興會館拜訪魯迅，古碑中也遇不到什麼問題和主義，而魯迅覺得自己的生命居然暗暗地消去了，這也就是他此時唯一的願望。

夏天的夜裡，蚊子多了，魯迅便搖著蒲扇坐在槐樹下，從密葉縫裡看那一點一點地青天，晚上的槐蠶又每每冰冷地落在他的頭頸上。

當時，偶爾來談天的是魯迅的一個老朋友錢玄同。錢玄同於 1906 年留學日本早稻田大學文學系，次年加入同盟會。在留日期間，錢玄同與魯迅等人一起師事章太炎，學習文字學，研究音韻訓詁。

1910 年，錢玄同回國後，曾任北京大學教授。1917 年後，錢玄同任《新青年》編輯，從事新文化運動，提倡文字改革，創議並參加擬制國語羅馬字拼音方案。

一日，錢玄同來找魯迅。一進門，他便將手提的大皮夾放在桌上，脫下長衫，對面坐下了。因為怕狗，似乎心房還在怦怦地跳動。

「你抄了這些有什麼用？」錢玄同翻著魯迅的那古碑的抄本，發出了研究的質問。

「沒有什麼用。」魯迅回答。

「那麼，你抄它是什麼意思呢？」錢玄同又問道。

「沒有什麼意思。」魯迅說。

「我想，你可以做點文章。」錢玄同建議道。

此時，魯迅懂得他的意思了，他們正辦《新青年》，然而那時彷彿沒有人來贊同，並且也還沒有人來反對。魯迅想，他們許是感到寂寞了。

然而，魯迅卻說：「假如一間鐵屋子，是絕無窗戶而萬難破毀的，裡面有許多熟睡的人們，不久都要悶死了，然而是從昏睡入死滅，並不感到就死的悲哀。現在你大嚷起來，驚起較為清醒的幾個人，使這不幸的少數者來受無可挽救的臨終的苦楚，你倒以為對得起他們麼？」

「然而幾個人既然起來，你不能說決沒有毀壞這鐵屋的希望。」錢玄同反駁說。

魯迅很明白，雖然他有自己的確信，然而說到希望，卻是不能抹殺的，因為希望是在於將來。於是，魯迅終於答應錢玄同做文章了。

1918 年初，魯迅參加了陳獨秀主編的《新青年》的編輯工作。在編輯會上，魯迅結識了李大釗、陳獨秀、胡適等人。

從此，魯迅置身於當時的大力倡導民主和科學，反對舊禮教和舊文學的偉大抗爭的前列。

　　同年 5 月，魯迅在《新青年》上發表了第一篇白話小說《狂人日記》，描寫了一個因患迫害狂的精神病人的心理活動，把對社會生活的清醒描寫和對狂人特有的內心感受的刻畫雜糅在一起，揭露了封建「家族制度和禮教的弊害」，指出中國社會的歷史是人吃人的歷史。這是徹底的反封建的第一聲「吶喊」，也是魯迅奮鬥史上新的開端。

　　魯迅在談小說創作體會時曾說：「人物的模特兒兒也一樣，沒有專用過一個人，往往嘴在浙江，臉在北京，衣服在山西，是一個拼湊起來的角色。」

　　「狂人」的原型，是魯迅的姨表弟阮久蓀。阮久蓀原在山西太原做文書工作，後來得了精神病，總疑心周圍的人要謀害他，惶惶不安，於是就到北京來躲避。

　　魯迅當時住在紹興會館，阮久蓀來找他，魯迅便把他留在會館裡暫住幾天，兩人間或談起一點時事，阮久蓀總是冒出一些奇怪的念頭。

　　1916 年 10 月的一天傍晚，阮久蓀神色慌張地敲開了魯迅的家門。落座後，他語無倫次地講起自己被人跟蹤，可能會被捉殺頭的「遭遇」。講述時，適逢隔壁傳來了敲門聲，他立即恐慌起來，急忙躲到了書櫥後面。

　　魯迅見此情形，便勸慰他說，別害怕，不是找我們的，他才慢慢地蹭出來。驚恐稍減後，阮久蓀又告訴魯迅，說他現住在「西沿河客棧」，每夜要換幾個房間，還睡不安穩，生怕被

人殺了。

　　第二天清晨，阮久蓀又跑來了，進門後便癱坐在椅上，悽慘地說：「今天就要被人捉去殺頭了！」魯迅知其精神錯亂，便帶他去看醫生。在去醫院的路上，見到背槍的警察，阮久蓀就惶惶然。在池田醫院住了一禮拜，阮久蓀終日疑神疑鬼，昏語不斷。魯迅不放心，便尋一個可靠的人，把他送回了老家紹興。

　　此事在魯迅心頭縈繞了許久，總想寫點什麼卻又無從下筆。直至十月革命勝利後，魯迅才認識到封建禮教的吃人本質，於是就以表弟為原型，創作了著名的《狂人日記》。

　　陳獨秀對魯迅深刻的見解、鮮明的愛憎、幽默的風格和潑辣的文筆非常欣賞。陳獨秀在給周作人的信中說：「我們很盼望豫才先生為《新青年》創作小說，請先生告訴他。」

　　1918 年 7 月 9 日，陳獨秀又在信中說：「豫才先生有文章沒有？也請你問他一聲。」

　　魯迅在日記中寫道：「寄陳仲甫小說一篇。」僅過 6 天，陳獨秀就於 8 月 13 日覆信周作人：「兩先生的文章今天都收到了。〈風波〉在這號報上印出。倘兩先生高興再做一篇在 2 號報上發表，不用說更是好極了。」

　　陳獨秀在把魯迅的〈風波〉發表在《新青年》第一卷第八號後，立即致信周作人：「魯迅做的小說，我實在五體投地的佩服。」他並且在考慮到魯迅的小說應該結集出版時說：「豫才兄做的小說，實在有集攏來重印的價值，請你問他，倘若以為

然,可將《新潮》、《新青年》剪下,自加訂正,寄來付印。」
由此可見,陳獨秀對魯迅文學創作的關心和支持。

後來,魯迅接受陳獨秀的意見,將創作的小說結集出版,
這本小說集題名為《吶喊》。

魯迅對陳獨秀的關心和支持念念不忘。他曾滿懷感激的心
情說:「這裡我必得紀念陳獨秀先生,他是催我做小說最著力的
一個。」在陳獨秀的大力支持下,魯迅以《新青年》作為陣地,
他如魚得水,「一發而不可收」,在不長的時間中便創作出一系
列優秀的作品。

魯迅稱自己的作品是「遵命文學」。但是,魯迅又說:「不
過我所尊奉的,是那時革命的前驅者的命令,也是我自己願意
尊奉的命令,絕不是皇上的聖旨,也不是金元和真的指揮刀。」

魯迅認識李大釗,是緣於陳獨秀的關係。因為魯迅是在應
陳獨秀的邀請,參加《新青年》的編輯工作期間見到李大釗
的。用魯迅自己的話說:「我看見李大釗先生的時候,是在獨秀
先生邀去商量怎樣進行《新青年》的集會上。」這說明,魯迅
與李大釗的相識,陳獨秀起了至關重要的作用。

魯迅評價陳獨秀:

假如將韜略比作一間倉庫罷,獨秀先生的外面豎一面大旗,
大書道:「內皆武器,來者小心!」但那門卻開著,裡面有
幾支槍,幾把刀,一目瞭然,用不著提防。

繼《狂人日記》之後，魯迅又寫出了〈孔乙己〉。「孔乙己」的原型是「孟夫子」和「跛腳鼓」。這兩個人一個是他鄰居酒店裡的常客，一個是他的綽號叫「跛腳鼓」的本族伯父。

〈孔乙己〉批判地揭示了人物的悲劇性格，表達了魯迅對於造成這種性格的文化教育制度的有力鞭撻。〈孔乙己〉是《吶喊》的第二篇，寫於「五四」前夕，是繼《狂人日記》之後，又一篇聲討封建社會和封建文化的檄文。

那時，科舉制度雖已廢除，但教育體系並未改變，許多知識分子還未擺脫封建思想的桎梏。魯迅認為要使人民群眾覺悟起來，改變愚昧和麻木的精神狀態，必須反對「國粹」，解放個性，把人民群眾從中國幾千年的封建精神傳統的枷鎖中解放出來。只有這樣，才能挽救中華民族的危亡，爭取人民的自由和解放。

因此，魯迅提出了立國先「立人」，改造「國民性」，解放個性的任務。魯迅明確地說過，他從「五四」時期開始寫小說，就是抱著「啟蒙主義」的目的，「認為必須是『為人生』，而且要改良這人生。」所以他的「取材」、「多采自病態社會的不幸的人們中，意思是在揭出痛苦，引起療救的注意」。

在《吶喊》中，描繪農村生活和農民形象的〈故鄉〉也是一部重要的作品。本書透過「我」回故鄉的見聞及回憶，描寫舊中國農村急速破產的蕭索、淒涼的生活圖景。

魯迅懷著悲憤的心情，對造成這一悲慘圖景的社會勢力，提出了沉重的控訴。同時又期望被迫害者能夠醒悟過來，開闢自己的生活道路：「地上本沒有路，走的人多了，也便成了路。」

## 對青年學生誠摯的關愛

魯迅在北京教育部工作的同時，除整理碑帖、古籍和寫作外，自 1920 年起，先後在北京八所大、中學校兼課，至 1926 年 8 月離京南下始止。在教學期間，魯迅開始系統地研究中國小說史，並編成了《中國小說史略》一書。

1920 年秋季，魯迅到北京大學中國文學系教《中國小說史》。從此，魯迅不但以他的文章和廣大讀者接觸，他本人也走到青年學生群中來了。

魯迅擔任中國小說史的教學工作，是一個創舉，也是對封建傳統觀念的勇敢挑戰。因為在當時社會，小說一向被排斥和輕視，認為不能登大雅之堂。魯迅是第一個從事拓荒工作的人。

魯迅的研究成果和精闢的見解，不僅為後人研究中國小說奠定了良好基礎，而且還給青年學生有益的文化教育和思想教育。

每逢星期二上午，在沙灘紅樓北京大學的課堂上，魯迅和廣大青年見面的時候，他都受到熱烈的歡迎。

魯迅先生講課，聽的人很多，小教室坐不下，換了大教室，還是很擠，本來坐兩個人的座位，常常擠上三四個人，連門邊和走道窗口、窗外都站滿了校內和校外來旁聽的人。那時點名是專人負責，是看座位點名的，遇魯迅先生上課，他就只好點個「全到」。

魯迅經常穿一件黑色的舊布長袍，不常修理的頭髮下面露出方正的前額，兩條粗濃的眉毛平躺在高出的眉棱骨上，眼窩微向下陷，眼角也微向下垂，濃密的短鬚掩著他的上唇，這一切都令人看不出有什麼奇特的地方。

魯迅先生上課非常自然，不是滔滔不絕，也不是大聲疾呼，但全場鴉雀無聲。當時有不少同學聽了一年魯迅先生的課，第二年又繼續去聽，卻一點也不覺得重複。

魯迅講課，總是先把講義發給學生，開始時用的是油印講義，上課時校正個別錯字，然後開始講，但從不照本宣科，而是有重點地分析一些問題，有根據地闡明與別人不同的見解。

他講小說史非常風趣，常常講得大家發笑，但他自己卻不笑，使學生們在笑聲中愉快地接受了教育。後來有許多頗有成就的作家和教授，如馮至、曹靖華、章川島等都在北大聽過他的課，得到過他的培育。

馮至曾回憶道：「他講課超過一般的教育之上，回憶當年聽的許多課，至今還發揮作用的，是魯迅先生的課。」

魯迅在北大任教期間，還為北大的刊物《學生會週刊》、《文藝季刊》寫稿，為《國學季刊》、《歌謠週刊》設計過封面，扶植學生的文學團體，如對新潮社、春光社進行過批評、幫助，培養了不少人才。魯迅還多次參加北大舉辦的講演會、遊藝會等活動。

魯迅對待學生非常好，有時候好得都過分了。

魯迅和他過去的學生孫伏園外出旅行時，常常是先生幫學生打鋪蓋。

1922年春，在魯迅的八道灣寓居來了一位客人，他就是俄國盲詩人愛羅先珂。他不僅是一個世界語學者、音樂家，同時又是一個童話作家。

魯迅以他的親切關懷，接待了這位遠道來的客人。他時常陪著盲詩人在院子裡散步和談天，對他的寂寞表示了十分的同情。愛羅先珂在魯迅家裡住到了夏天，才回到了故鄉烏克蘭。魯迅在和他相處的一些日子裡，翻譯出了他的多篇童話創作：〈狹的籠〉、〈池邊〉、〈雕的心〉、〈春夜的夢〉等，後都收入《愛羅先珂童話集》中。

1922年10月，北京大學發生了反對學校徵收講義費的風潮。結果講義費取消了，參與這場風潮的學生馮省三也被開除了。馮省三當時是北大法文系的學生，熱心於世界語。當時北大經費全由學校負責籌劃，教育部並無貼補。

為開源節流，學校想收取一點講義費，以補貼印發講義所需的紙張費及購置圖書之用。由於學校原本免費提供講義，有些科系資料又比較多，講義費成為了一種經濟負擔，因此引起了部分學生，特別是法科學生的反對。

10 月 17 日下午，數十名學生湧進會計科提出抗議。18 日早晨，又有數十名學生湧進校長室，要求立即停收講義費，雙方情緒都相當激動。

人群中有喊「打」的惡聲，北大校長蔡元培也大聲疾呼：「我在這裡！」表示出極大的憤慨。

接著，學生會在三院禮堂召開大會，由學生自由辯論，雙方爭執不下。表決的結果，反對收講義費的一方略占多數。在這次辯論會上，馮省三第一個發言。他髮衝冠，聲如京劇中的黑頭花臉，給人留下了深刻的印象。

從〈即小見大〉一文中，可知魯迅是同情馮省三一邊的，因為他成為了群眾的犧牲品。此外，也因為他們在傳播世界語方面有著共同志向。

1923 年，蔡元培、吳稚暉、陳聲樹等創辦北京世界語專門學校。馮省三跟陳聲樹是好朋友，同在該校教務處工作，特請魯迅來校講文學史和文藝理論。

1923 年 9 月 —— 1925 年 3 月，魯迅擔任了該校的義務講師和董事。其間，魯迅跟馮省三多有聯繫。魯迅曾將他的小說

集《吶喊》和譯文《桃色的雲》寄贈馮省三，馮省三經濟拮据時也曾向魯迅借貸。1923 年 5 月 10 日魯迅日記中，還有「省三將出京，以五元贈行」的記載。可見魯迅對青年學生十分愛護。

在 1923 年 7 月，有位北大學生在文章中，對俄國盲詩人愛羅先珂的生理缺陷加以奚落，魯迅先生以為這種行為是不道德的，便寫文章批評了他，後來這位學生認識並改正了自己的缺點，魯迅便對他表示諒解，並跟他建立了很好的友誼。

在北京大學講課的日子裡，魯迅和青年們建立了深厚的友誼。有一次，北大文科院預科的一個學生跑到魯迅所住的紹興會館，往床上一坐，將鞋子脫下，讓魯迅幫他到門口去修鞋。魯迅毫不猶豫地照辦了，可是鞋修好了，這個學生竟然沒道一聲謝，反抱怨鞋修得太慢，讓他久等了。

後來有人問起這件事時，魯迅說：「有這回事，現在雖然不再給人去補鞋了，不過我還是要為青年多做些事。」

魯迅一直支持北大進步學生的抗爭，曾被一時還未能控制北大的「正人君子」之流指責為「北大派」。

1923 年 8 月，魯迅搬出了八道灣。他先是暫住在磚塔胡同 61 號一個同鄉熟人的家裡，後又搬入西三條胡同 21 號的寓居。

北京阜成門內西三條胡同 21 號的房子，是魯迅向朋友借錢買下的，經過翻新，在 1924 年 5 月搬了進去。這裡，便變成了當時北京的青年們，特別是愛好文學的青年們的一個活動中心。

自從魯迅住到這之後，來他這裡的青年們一天比一天多，給這條本是寂寞、荒涼的「陋巷」增加了許多生氣。青年們幾乎每隔一兩天就來叩魯迅的家門，他們就像回到了久別的家裡一樣。

魯迅的工作很是繁忙。大約每天總要接待青年們到十一二點鐘，然後他才開始工作。如果沒有急迫的事，就稍休息一下，看看書，凌晨 2 時左右才入睡。他經常工作得很晚，有時甚至天亮了才放下手中的筆。魯迅的不少小說，大都是在這樣的情況下寫出來的。

這是一座不大的四合院，在院子裡種著幾棵丁香花，白的和紫的，三兩株棗樹高出屋簷之上。在不大的三間北屋後面又接出去一間，人們叫它「老虎尾巴」的「斗室」，這就是魯迅工作、休息和接待學生的地方。

透過這間「斗室」後牆的玻璃窗，可以看到窗外是一個小小的院落。沿著後牆的牆角，種著幾株青揚和幾簇榆葉梅。室內的玻璃窗下，是一張單人的木板床，東壁下，貼牆放著一張寫字臺，臺子旁邊是一把帶扶手的籐椅。西壁下，放著一張茶几和兩把木椅。這個小屋最多不能超過 5 個人，否則就坐不下了。

魯迅在這裡和青年們談話，顯得無拘無束，他的語言也是那麼簡潔和樸素。由於魯迅談話時總吸菸，所以屋裡充滿了濃厚的香菸味。他恐怕有些青年們不習慣，便笑著起身把窗子打開。

　　魯迅和青年們談天，對於他來說就是一種休息。他還經常勸青年們多留一會，只要客人有時間，在他是無妨的。

　　在這裡，魯迅經常替青年們進行批稿、審稿、校對的工作。他對於青年們的請求絕不推辭，而是非常爽快地答應。

　　魯迅還經常接受青年作家的委託，替他們編選集、編目錄、寫序言，甚至做設計、封面設計等。

　　青年們從魯迅這裡所得的幫助，總是具體的、無私的、無微不至的。魯迅對於青年們的愛是深厚的、是無私的。

　　1925 年 12 月 17 日，北大舉行 27 週年紀念會，魯迅親往出席，並撰寫〈我觀北大〉一文。

　　魯迅熱情讚揚北大進步師生「常與黑暗勢力抗戰」的「向上的精神」，批判企圖「勒轉馬頭」的逆流。

　　針對「正人君子」之流射來的暗箭，魯迅公開宣稱，如果支持北大進步師生的改革，就算是「北大派」，那我就以「北大派」自居：「北大派麼？就是北大派！怎麼樣呢？」

　　當時，北大校長蔡元培在歐洲考察，校內新舊抗爭激烈，魯迅的行動給了北大進步師生以有力地支持。

# 《阿 Q 正傳》在催稿下出爐

在繁忙的工作和講學的間隙，魯迅用手中的筆，與封建主義和封建頑固派進行堅決的抗爭。

在 1920 年 10 月，魯迅又寫了兩個短篇，即〈頭髮的故事〉和〈風波〉。

〈頭髮的故事〉的主題中心思想是在反映辛亥革命的失敗。作者透過小說中那位 N 先生的意見，評價了辛亥革命，同時也諷刺了當時北洋軍閥統治下的一些不合理的社會現象。

魯迅對於辛亥革命是抱有很大的希望的，而辛亥革命的失敗，給他帶來了失望，他的痛苦也是很深的。

在這篇小說裡的 N 先生對於往事的追懷，與他的悲憤、他的感慨、他的惋惜，即所謂「精神上的絲縷」，不是沒有聯繫的。魯迅在《吶喊》的〈自序〉一開頭，便曾寫道：

> 我在年青的時候也曾做過許多夢，後來大半忘卻了，但自己並不以為可惜。所謂回憶者，雖說可以使人歡欣，有時也不免使人寂寞，使精神的絲縷還牽著已逝的寂寞的時光，又有什麼意味呢！而我偏苦於不能全忘記，這不能全忘卻的一部分，到現在便成了「吶喊」的來由。

〈風波〉所描寫的歷史背景是 1917 年的張勳復辟事件。魯迅藉著張勳復辟這件事在當時農村中所引起的風波，揭露了黑暗反動勢力蠢蠢欲動的姿態。

在這兩篇小說之後，魯迅於 1921 年創作了短篇小說〈故鄉〉。這篇小說透過第一人稱「我」回故鄉的見聞和追憶，展示了當時農村蕭條、淒涼的生活場景。小說以魯迅童年的朋友章閏土為模特兒兒，塑造了閏土的形象，主要目的在於探索中國農民的生活道路。

同年，寫下了他的不朽的《阿 Q 正傳》。

阿 Q 是個生活在江南小村鎮裡的貧苦農民，相當奇特和滑稽。他在被侮辱和蹂躪的生活中，養成了十分怯懦的習性，卻又常常表現出一種荒唐怪誕的「精神勝利法」。這種富有喜劇性的矛盾和糾葛，在魯迅筆下俯拾即是。

在這篇著名的作品裡，魯迅透過阿 Q 這一個藝術形象，又批判了辛亥革命失敗的歷史，以及產生這個阿 Q 和阿 Q 的自欺欺人的失敗主義，即「精神勝利法」的社會根源和歷史根源。

阿 Q 這個形像在魯迅的心中，已經存在好多年了，只是沒有機會把他寫出來。這時，正在編輯《晨報副刊》的孫伏園，就請魯迅寫文章。於是，魯迅就寫了第一章：序。第一章登出之後，以後每 7 天必須寫一點。

當時，魯迅的工作雖然並不十分忙，可是生活頗不安定，夜間睡在做通路的屋子裡，這屋子只有一個後窗，連寫字的地方也沒有，很難靜坐下來去思考。

孫伏園又是一位非常善於催稿的人，每星期必到魯迅這裡

來。來時，他就笑嘻嘻地對魯迅說道：「先生，《阿Q正傳》明天要付排了。」沒辦法，魯迅只得寫下去，於是又一章。

後來，魯迅漸漸認真寫起來了，編者也覺得不很「開心」，於是從第二章起，就把它移在《新青年》欄裡。這樣大約繼續有兩個多月。

魯迅實在很想把這故事結束，然而編者不贊成。直至後來，孫伏園因事到別處去了一趟，代替他的是另一位編輯，該編輯對於阿Q素無愛憎，魯迅把「大團圓」送去，他就照登出來了。等到孫伏園回來，阿Q已經被「槍斃」一個多月了，再也無法復活了。

當《阿Q正傳》在《晨報副刊》上出現的時候，引起了當時一些上層社會中的「正人君子」、「紳士淑女」、小政客、小官僚等人的恐懼和不安，恐怕它要「罵」到自己的頭上。最後，當這篇文章被明明白白地收在魯迅的第一個小說集《吶喊》裡面，他們才恍然大悟。

其實，魯迅並沒有罵任何人，他所譴責的是整個舊社會，他所諷刺的也不是某一個人。

魯迅雖說是為阿Q作「正傳」，但是要畫出來的卻是「這樣沉默的國民的魂靈」，要寫出「在他眼裡所經過的舊中國的人生」。

魯迅描繪的是辛亥革命時期的農村變革的巨大畫幅，舊民

主主義革命時代人民悲慘的命運。

　　魯迅透過《阿 Q 正傳》和其他一些短篇小說，將中國的新文學創作與 21 世紀世界文學的進步潮流結合起來了。全世界的讀者了解中國的新文學創作，是從了解魯迅開始的。

## 與國粹派的激烈論爭

　　今天我們寫文章，用的是人人都讀得懂的白話文，如果有人一定要「之乎者也」類的文言文，不但讓人覺得滑稽，而且讓人覺得有些做作了。但是當時白話文的確立，是在迎擊國粹派的惡毒咒罵中才得以實現的。

　　其中國粹派的林紓，他反對白話文是最起勁的。他覺得因為文言文是老祖宗傳下來的，是國家的精華，也就是國粹，所以一定不能廢掉。他還氣憤地寫了許多文章來罵白話文和新文化運動，還編寫了兩篇文言文小說，藉著一個「偉丈夫」（暗指某軍閥）來鎮壓新文化的首倡者。

　　魯迅讀了林紓寫的呼籲保存國粹的文章，很快就給予了回擊：

什麼叫「國粹」？照字面看來，必是一國獨有，他國所無的事物了。換一句話，便是特別的東西。但是特別未必是好，何以應該保存？
譬如一個人，臉上長了一個瘤，額上腫出一顆瘡，的確是與

眾不同，顯出他特別的樣子，可以算他是「粹」。然而據我
看來，還不如將這「粹」割去了，同別人一樣好。

倘說：中國的國粹，特別而且好；又何必現在糟到如此情形，
新派搖頭，舊派也嘆氣。

倘說：這便是不能保存國粹的緣故，開了海禁的緣故，所以
必須保存。但海禁未開以前，全國都是「國粹」，理應好
了；何以春秋戰國五胡十六國鬧個不休，古人也都嘆氣……
我有一位朋友說得好：「要我們保存國粹，也須國粹能保存
我們。」

魯迅經常用一些短小犀利的雜文來攻擊一切落後、腐朽、
頑固、反動的事物：

中國的孩子，只要升，不管他好不好，只要多，不管他才不
才……小的時候，不把他當人，大了以後，也做不了人。
……
中國人的不敢正視各方面，用瞞和騙，造出奇妙的逃跑來，
而自以為正路，在這路上，就證明著國民性的怯懦和懶惰，
而又狡猾。一天一天地滿足著，即一天一天地墮落著，但卻
有覺得日見其光榮。

魯迅的目光經常犀利地從生活中極細小的地方發現中國人
心理上的落後一面，並加以抨擊。

大家都知道魯迅的鬍子是很特別的，他將留在上唇的鬍鬚
修成整齊的「一」字形。為什麼他會這樣修剪呢？魯迅在〈論
鬍鬚〉中講了它的由來。

魯迅從日本留學歸來的時候，在故鄉的小船裡，和船伕聊天。聊著聊著，那船伕就盯著他的鬍子發起怔來。當時魯迅的鬍子還沒有那麼平直，角上是自然地有些翹著的。船伕忽然說：「先生，你的中國話說得真好啊！」

魯迅聽了感到莫名其妙，於是問道：「我是中國人，而且和你還是同鄉，中國話說得好有什麼稀奇的？」

船伕卻不信，憨憨地一笑，說：「先生，您真會笑話呢，你那鬍子難道不是東洋人的嗎？」

魯迅聽了只有默默地苦笑，他拿什麼來證明自己是中國人呢？鬍子已經決定了他的國籍了。而且他記起這鬍子在一位「國粹家兼愛國者」那裡也曾碰到過麻煩。

有一次，「國粹家」上上下下把魯迅打量了一番，目光最終停留在魯迅的鬍子上，毫不客氣地說：「你怎麼學日本人的樣子？身材既矮小，鬍子又是這個樣子！」

魯迅一聽，當時漲紅了臉，急著和他爭辯起來：「第一，我的身體本來只有這麼高，也不是為了要學日本人，故意想辦法用了什麼樣機器壓縮，讓自己變矮去冒充洋鬼子。」

魯迅情不自禁地摸了一下自己的鬍子說，「就算這鬍子的樣子和日本人一樣，但是我看他們古人的一些畫像，那鬍子是不翹的，反而向下，倒和我們古人差不多，該算中國的國粹呢！至於後來又翹起來了，說不定是學德國人的，你看威廉皇帝的

鬍子不是翹著的嗎？所以我這鬍子的樣子也不能說就是日本人的專利呀！」

「國粹家」還是嚴肅地盯著魯迅那上翹的鬍子不放：「但是德國人依然是洋鬼子！」魯迅這時啞口無言，不知所措了。

可是到處都碰得上這種「國粹家」，口乾舌燥地解釋過幾次，魯迅真是煩透了，大事不去說它，就連留鬍子這樣一點小事，只要不合所謂「國粹」，便要招來這樣多的非議。

於是魯迅任由鬍子自己去長，他想：等鬍子長了以後，自然就不再翹，而是下拖了，可能還與地面成為90°的直角呢！

不出所料，「國粹」方面這時無話可說了。但是某些專注意別人生活小事的所謂「改革家」又不滿意了：「你向國粹妥協了嗎？」

魯迅真是弄不明白了，軍國大事也未必有那麼多人關心，難道區區鬍子就能讓國家滅亡或者得救嗎？

幾年後，魯迅坐在北京的補樹書屋裡，端詳了那鬍子的前後左右，突然悟到那鬍子被人誹謗的原因，全在於兩端的翹與不翹。於是，魯迅拿來剪刀，立即動手把兩段剪平，使它既不上翹，也難拖下，如一個隸書的「一」字。

魯迅再出去見人的時候，自然還是有人注意他的鬍子：「咦，你的鬍子這樣了。」

「嗯，我的鬍子就這樣了。」魯迅平靜地回答。別人一聽也

無話可說了，魯迅的心裡便竊笑起來。

僅僅從鬍鬚的遭遇，魯迅已經深深地透視出國粹派保護者的荒唐與無聊。

魯迅經常把自己寫的雜文比喻為「匕首」和「投槍」。他終其一生，從未停止過對腐朽和反動的東西投擲這樣的匕首與投槍。可以說，沒有了「匕首」和「投槍」，也就沒有了魯迅。

魯迅是多麼希望他所碰擊的事物，能夠在中國漸漸消亡。因為只有這樣，中國才會復興，才會有新生。

# 第一堂「中國小說史」課

1922 年秋的一個星期天下午，明媚的陽光照進北京大學的教室裡。雖然離上課還有 10 分鐘，但是教室卻已經座無虛席了。這是北大大學生開學以後的第一堂「中國小說史」課。

因為小說在當時的中國文壇還登不上大雅之堂，所以那時候還從未有人認真地研究中國小說史。魯迅是第一個在這片土地開墾的人，寫出了中國第一部小說史，並在北京大學等好幾所高校首次開設了這門課程。

大概過了 5 分鐘，外面傳來一陣腳步響，一位中年人走進來，他立即吸引了教室中的所有目光，身材不高，穿著一件式樣早已過時的小袖長衫，兩寸來長的頭髮直直地挺立著，臉上有很深的皺紋，醒目的「一」字胡橫在他那瘦削的臉上。

有些學生在私底下低聲地叫起來：「魯迅先生來了！」

這時陽光已經斜斜地移到講臺上，魯迅走進這片陽光裡，緩緩地默默地掃視著課堂，目光所及，因為他的到來而掀起的細小聲浪便漸漸地消失了。他開始講課了，帶著一點紹興口音，因為害怕學生聽不明白，所以他盡量說得慢一些：「小說是寫出來的人生，不是真實的人生。」

魯迅一邊說，一邊解開手中那個紅底黑色線條的布包，拿出講義來。他和氣而又嚴肅地看著學生們，繼續說：「看小說第一不能讓自己跑到小說裡面，看小說應該像看鐵籠子裡的獅虎，有了這鐵籠子才能方便地細細地看，由這細看來推想它們在山中的生活……」

整個教室的學生們都靜靜地聽著，只有許多支鉛筆在紙上作記錄的沙沙聲。

魯迅繼續抑揚頓挫地說著：「鐵籠中的獅虎，不能代表它生活的全貌，只是一個片段小說中的人生，也是一個片段。我們可以借讀小說去理解人生，但是一定要保持站在鐵籠外的位置，切不可鑽進去，鑽進去就要生病了……」

下課的鐘聲響了，魯迅的聲調也隨之變得有些急促，很快就收住話音。教室裡一下熱鬧起來，魯迅被學生包圍了。學生們的一雙雙手伸向他，雙手上大多數是稿子，他們向魯迅先生叫道：「先生，幫我看看這篇文章好嗎？」

「我做了一篇小說，先生，可是結尾不理想，您能幫我改改嗎？」

魯迅一一接過來，抬起頭看到幾張熟悉的面孔，便笑著從那只紅黑相間的布包中摸出一沓稿件，叫著名字分發著、講解著。拿到稿子的學生便貪婪地讀著稿件上多出的紅筆的批點。

上課的鐘聲又響起來了，學生們紛紛歸座。當課正上到一半時，突然門被輕輕地推開了，有兩個頭髮梳得油亮的傢伙躡手躡腳地溜進教室。教室中立即響起了一片「噓」聲，學生們都明白，他們是教育部派來的督學，是來查堂的。一種寧靜的教學氣氛受到了騷擾。

魯迅並沒有正視那些人，但是卻停下了講課，他把手中的書輕輕地放在桌子上，低著頭在窄窄的講臺上踱起步來。直至那兩個人灰溜溜地被「噓」了出去，才停住腳步，又拿起書本。

魯迅微笑著說了一句：「我恐怕打擾了你們檢查，這才停下來講課。誰知他們不檢查便回去打報告了。」臺下的學生們一聽都忍不住笑了起來。

# 陝西之行的美學發現

1924 年 6 月 28 日，魯迅前往晨報社訪紹興同鄉孫伏園，適逢《語絲》撰稿人王品青在座。

其時，創辦於西安的國立西北大學與陝西省教育廳合議籌設暑期學校，聘學者名流任教。王品青是西北大學校長傅銅的同鄉，經他介紹，該校即邀魯迅等人去西安講學。

是日，魯迅與孫伏園、王品青等人同赴西北大學辦事人之宴，席間商定赴陝西行程後，魯迅即作起程的準備。

此時，距周氏兄弟決裂不久，魯迅已正式搬出八道灣，心情無比鬱悶。魯迅答應國立西北大學去陝西，既為暑期講演，又為他謀劃已久的長篇小說《楊貴妃》尋找感性材料，也為散心。

魯迅對這次外出十分重視，此後數日，在孫伏園的陪同下，先後到門匡胡同的衣店定做「一夏一羽」兩件大衫，到勸業場買行旅用的雜物，到西慶堂理髮、洗澡。

由於經濟拮据，魯迅還從孫伏園處借錢 86 元、許壽裳處借錢 20 元作為差費。一切準備停當後，7 月 7 日晚，陝西省長駐京代表在西車站食堂為魯迅一行餞行。

吃完晚飯，魯迅一行 13 人即坐火車前往西安，至陝州改水路坐船沿黃河西行，一路舟車勞頓。

7 月 14 日，魯迅一行才改乘汽車，午後抵臨潼，下午抵西安，住在西北大學教員宿舍。

　　魯迅的陝西之行內容十分豐富，涉及郊遊、講演、閱市、購物、會友、赴宴、觀戲等多個方面，可謂不虛此行、大有收穫。

　　去陝西是魯迅平生第一次遠行講學。從 7 月 21 日起，暑期學校開學，魯迅上午開講《中國小說的歷史的變遷》，一共講了 8 天 11 次 12 小時，直到 7 月 29 日才講學完畢。

　　30 日下午，魯迅又前往講武堂講演，講演時間為半小時。隨後，他又應邀對陸軍學生講演一次，演講課題仍然是小說史。

　　當時，統治西安的軍閥劉鎮華，身兼陝西省督軍、省長兩大權位，號稱「兼座」。魯迅對當時西安軍閥是很小心對待的，故對軍人也只講小說史，不講其他。

　　魯迅西安講演，由當時西北大學記錄整理後寄請魯迅改定，印入《西北國立大學、陝西省教育廳合辦暑期學校講演集》中，後以《中國小說的歷史的變遷》為題附錄於再版的《中國小說史略》。全文約 20,000 字，分為 6 講，豐富了《中國小說史略》的內容。

　　此次講演，魯迅也獲酬頗厚，先後兩次共得薪水和川資 300 元。這 300 元對剛剛兄弟決裂、處於人生困境中的魯迅不啻是雪中送炭。收到錢後，魯迅馬上托孫伏園往郵局寄 86 元還新潮社。魯迅還慷慨解囊，為易俗社捐款 50 元。

　　易俗社原名「陝西伶學社」，宗旨為「輔助社會教育，啟迪民智，移風易俗」，是著名的秦腔科班。魯迅在西安時，曾

應易俗社和講演團同人之邀，先後五次觀看了該社演出的秦腔《雙錦衣》全本、《大孝傳》全本、《人月圓》等。

這時恰好是易俗社成立 12 週年，魯迅親筆題寫了「古調獨彈」四字，製成匾額贈與易俗社。這四個字是魯迅書風的典型代表，融冶篆隸於一爐，質樸而不拘謹，灑脫而有法度，現在已成為秦腔界的一塊金字招牌。

魯迅一生並不喜歡戲劇，對京劇常辛辣嘲諷，對其故鄉社戲的描寫也透著一種厭煩。但卻能如此厚待秦腔，短期內竟觀秦腔五次，此為秦腔之幸。

魯迅是淘古玩的高手，其眼光專業而獨到。西安之行每有撿漏。他多次同張勉之、孫伏園、李濟之等「閱市」、「閱古物肆」，先後在博古堂、尊古堂、南院門市、南院門閭甘園家等處，購得耀州出土之石刻拓片 2 種，即《蔡氏造老君象》4 枚、《張僧妙碑》1 枚，此外還淘得樂妓土寓人 2 枚、四喜鏡 1 枚、魁頭 2 枚、雜造像拓片 4 種 10 枚、小土梟 1 枚、小土偶人 2 枚、磁鳩 2 枚、磁猿首 1 枚、彩畫魚龍陶瓶 1 枚、大小弩機 5 具。

在淘古玩的事情上，魯迅甚至還驚動了西安的很多古董商，如當時最有名氣的古玩店尊古堂的老闆「帖賈」就聞訊找上門來，魯迅從他手上買了《蒼公碑》2 枚、《大智禪師碑側畫像》2 枚、《臥龍寺觀音像》1 枚。當時出任陝西省省長的劉鎮華，在魯迅臨行前，連夜又送來《顏勤禮碑》10 份和《李二曲集》1 部。

　　魯迅在西安買古董共計花錢 32 元，花錢並不算多，收穫卻不小，可謂滿載而歸。以至於 8 月 12 日夜，到達北京前門時，稅關見他所攜帶的小古物數量有些多，覺得奇怪，還故意為難了魯迅一番，最後才同意讓他回家。

　　魯迅還有買特產的癖好，這是魯迅生活情趣的重要組成部分。在西安期間，魯迅與王嶧山、孫伏園、李濟之、夏浮筠等人常常到附近街市散步「閱市」，先後買了栟櫚扇 2 柄、醬萵苣 10 斤、汴綢 1 匹等。

　　臨行前，陝西省長劉鎮華還送杞果、蒲陶、蒺藜、花生各兩盒，西安有代表性的特產也算盡數收於囊中。

　　在 7 月 23 日那天晚上，魯迅與一起的五六人出校散步，不小心跌了一跤。即便是他受了傷，不能繼續走了，魯迅也不忘在返回的路上購買了一些餅餌。

　　此外，魯迅還在西安與自己有師生之誼的陝西商州人士、北京大學文科畢業生王煥猷見了面，並遊歷了華清宮故址、碑林、大慈恩寺等古蹟，洗了溫泉浴。還先後赴宴 7 次。

　　8 月 4 日晨，魯迅一行乘騾車出西安東門上船，由渭水東行，在逆風裡走走停停 6 天，8 月 10 日才乘隴海鐵路車啟行，中途又因鐵軌積水尚未修復，步行 1,000 公尺，復登車進發，至 12 日夜半方抵北京，結束了這次重要的遠行講學活動。

　　西安之行對魯迅的著述有很大的影響，導致的直接後果之

一就是長篇小說《楊貴妃》的破產。從 1922 年開始，魯迅開始構思《楊貴妃》，先後向許壽裳、郁達夫、孫伏園、馮雪峰等談起過《楊貴妃》的腹稿。

小說的構想是從玄宗被刺一剎那間開始倒敘，把他的一生一幕一幕似地映出來。據孫伏園回憶，魯迅還曾想把《楊貴妃》寫成劇本。魯迅西安之行的動機之一是為創作小說《楊貴妃》作準備，以充實他「破費了數年之工」的這部小說的腹稿。結果到西安一看，全然找不到想像中的長安的影子。

魯迅說：「我不但什麼印象也沒有得到，反而把我原有的一點印象也打破了！」魯迅後來致日本友人山本初枝信說：「五六年前我為了寫關於唐朝的小說，去過長安。到那裡一看，想不到連天空都不像唐朝的天空，費盡心機用幻想描繪出的計劃完全被打亂了，至今一個字也未能寫出。原來還是憑書本來摹想的好。」

魯迅陝西之行，還引出了多篇和陝西有關的雜文和書信，如〈說鬍鬚〉、〈看鏡有感〉等。

魯迅在西安最重大的美學發現，展現在〈看鏡有感〉中。他結合在西安所見的唐代遺蹟，闡發美學主張：

漢唐雖然也有邊患，但魄力究竟雄大，人民具有不至於為異族奴隸的自信心，或者竟毫未想到，凡取用外來事物的時候，就如將被俘來一樣，自由驅使，絕不介懷。一到衰敝陵

夷之際，神經可就衰弱過敏了，每遇外國東西，便覺得彷彿
彼來俘我一樣，推拒，惶恐，退縮，逃避，抖成一團，又必
想一篇道理來掩飾，而國粹遂成為屏王和屏奴的寶貝。

上述之語可謂鞭辟入裡之言。

西安之行是魯迅一生唯一的一次內地之行，他從長安昭陵
帶箭的駿馬身上，看到了「漢唐魄力究竟雄大」，這是魯迅西
安之行的最大收穫，他也因此受了啟發，認為必須「放開度
量，大膽地，無畏地，將新文化盡量地吸收」。

魯迅的這一美學發現和理論主張，對於現代文學及藝術史
的意義，遠比損失一篇尚未動筆、前途未卜的長篇小說更為
寶貴。

## 全力支持青年創辦刊物

1924 年前後，在北京報紙和刊物上出現了一些荒涼的景象，
失戀詩風行一時。對於這些，魯迅早以厭煩，於是就故意作了一
首題為〈我的失戀〉的「新打油詩」，又故意用了「謀生者」
筆名投到《晨報副刊》上，來和當時的「詩人」們開開玩笑。

孫伏園很熟悉魯迅的字體和筆跡，所以他一看，就知道是
魯迅投來的稿子，於是他便立刻拿去付排了。恰巧，這時一位
剛從歐洲回來的留學生，由於他和晨報館的關係很深，並對
《副刊》頗不滿意，決議對《副刊》加以「改革」。這時，他

看到了魯迅以「謀生者」筆名寫的〈我的失戀〉這首打油詩，便以「不成東西」為理由，未經編者同意就把稿子抽掉了。

於是事情鬧開了，才有了孫伏園辭職自辦刊物的事情。1924年11月17日，《語絲》出版了，每週出版一次，撰稿人最初是16位，都是孫伏園邀請來的。由於種種原因，後來《語絲》的固定投稿者只剩了五六個人，其中投稿最勤快的就是魯迅。

從最初的發刊起，幾乎是每期都有魯迅的文章，收集在《野草》裡的散文詩，都是在《語絲》上發表過的。此外，還有後來收集在短篇小說集《徬徨》內的〈高老夫子〉、〈離婚〉和收集在雜文集《墳》內的〈論雷峰塔的倒掉〉和〈論睜了眼看〉、〈說鬍鬚〉等許多雜文、短評，以及其他的創作和翻譯，也都是在這個刊物上發表的。魯迅成為這個刊物最有力的支持者。

《語絲》的創辦者，自跑印刷廠，自當校對，自發報紙，自己拿到大眾聚集的場所去兜售。由於大家的不懈努力，使這份原本影響不大的刊物逐漸風行起來，銷路一天比一天好。以這刊物為中心，在魯迅的影響下，一批年輕的文藝工作者，逐漸地形成並發展起來。

1925年4月，魯迅又幫助了另一些青年成立了莽原社。這些青年大都是當時在北京讀書的大學生，他們對於現狀很是不滿的。

　　魯迅很早就希望一些青年站出來，對於舊中國的舊社會、舊文明，加以肆無忌憚地批評。這些就是成立莽原社的目的。

　　莽原社最主要的活動是出版《莽原》這個刊物。它最初是借用北京《京報》副刊的地位，並隨著《京報》發行，開始是週刊，後來又改為獨立出版的半月刊。

　　《莽原》的篇幅雖然不多，但卻費去了魯迅的不少心血。重要的批評論文由他寫；青年們寫的稿子也要由他親自來看；排版的格式如何，怎樣裝訂，為了使這小小的刊物美觀，甚至於一個標點的位置，他都放在心裡。

　　為了支持這個刊物，魯迅把全部身心都投入進去了。魯迅在《語絲》上已經發現和培養了一些青年作家，現在他又繼續在《莽原》上竭力推薦一批新的作家和翻譯家。

　　繼莽原社成立之後，1925 年，魯迅又幫助另外一批青年們成立未名社。它和莽原社不同的是，更加著重於文學創作和翻譯介紹方面的工作。

　　魯迅還幫助青年作家編輯和出版了兩種叢書：一種是專收文學創作的《烏合叢書》，另一種是專收翻譯作品的《未名叢刊》。魯迅的短篇小說集《吶喊》，就是收入《烏合叢書》裡的一種。魯迅的作品和青年作家的一些作品並列在一起，這件事本身，就是對青年作家一個很大的鼓舞。

　　透過魯迅和青年作家的努力，更多的俄羅斯文學作品、蘇

聯的革命文學理論、現代蘇聯作家的作品開始更廣泛地在中國讀者中間流行起來，象徵著中蘇兩國人民的深厚友誼的「中俄文字之交」，獲得了進一步的發展。

自從《新青年》這個團體散掉之後，原來參加了這團體的人們有了很大的分化，「有的高升」、「有的退隱」、「有的前進」，最後剩下來的只有「敢面對慘淡的人生，敢正視淋漓的鮮血」的「真的猛士」了，魯迅便是其中最堅定的一個。

魯迅懷著迫切的心情，尋求並肩作戰的夥伴，繼續和舊社會進行抗爭。尋求的結果是，他在青年群眾中找到了支持他的戰鬥力量，即便如此，他那徬徨和苦悶的心情卻沒有減輕，反而更加苦悶了。當時魯迅的思想和情緒，在他的散文詩集《野草》和短篇小說集《徬徨》中也有表現。

魯迅當時的思想情緒是充滿矛盾的，他說：「過去的生命已經死亡，我對於這死亡大有歡喜，因為我借此知道它曾經存活。死亡的生命已經腐朽。我對於這朽腐有大歡喜，因為我借此知道它還非常空虛。」

而魯迅這種思想上存有矛盾的根本原因在於，他不明確他的出路在哪兒，不知道該走到哪裡去。《徬徨》這部作品，魯迅是以極沉重的心情寫出來的。例如他的〈祝福〉和〈傷逝〉。

〈祝福〉中，「祥林嫂」的原型是「單媽媽」和「寶姑娘」。

魯迅故宅的百草園，是他兒時的樂園。這裡除了優美的環

境和有趣的小生物外，還住著一位單媽媽。單媽媽身世很可憐，她曾兩次嫁人，並與第二個男人生了一個可愛的兒子，一家人貧窮而安穩地生活著。

但「天有不測風雲，人有旦夕禍福」，第二年她的男人和兒子便雙雙死去。她曾悲哀、恐懼地對魯迅說，到了陰間，閻羅大王一定會把她鋸成兩半，分給她的兩個男人。

在魯迅的舊居旁邊有個雜貨舖，店主人有個女兒叫寶姑娘。因魯迅常去小店裡買東西，就和寶姑娘混得很熟。不久，寶姑娘便被狠心的後母賣到山坳裡去了。

當時，浙江一帶有搶親的陋俗。一天，寶姑娘夫家來搶親，她不願意，就從後面樓窗跳下，沿河逃跑時不慎滑入河中。正巧夫家的搶親船就停在那兒，便把她撈起，納入船艙，劃櫓而去。

魯迅就把兩件事合二為一，再增加一些故事，便塑造了祥林嫂這一典型形象。

《徬徨》和《吶喊》這兩本書在客觀上，反映了 1911 年辛亥革命後，直至 1924 年至 1927 年大革命前，這一歷史時期的封建階級的沒落和農民的革命情緒的增長。

魯迅的革命文學活動的真正開始的時代，已是在新的民主革命的時代，中國百姓已經覺醒的時代，中國平民階級已經登上歷史舞臺，並且發揮著關鍵性作用的時代。。

# 兄弟之情的破裂

1920 年代初期，魯迅主持並創立了一些文學刊物和社團，而且扶植很多青年，但後來有的社團內部分裂，他細心培育過有些青年，後來卻在他困苦的時候落井下石，真是讓魯迅心痛不已！

但是最令魯迅心痛的，這種莫測之變竟然發生在家庭之內，兄弟之間。可想而知，這給他的打擊是多麼的疼痛。

在那之前，魯迅的悲哀和寂寞都是來自個人和社會環境的，現在卻來自最親近的人，幾十年長相守的手足，原來一直並肩戰鬥的「友侶」，這才是最令人痛惜和傷心的！

魯迅和他的二弟周作人，兩人年齡差不多，從童年的時候直至「五四」時期，都走著差不多的人生道路。他們都去上新學堂，都到日本留學，都面對著相同的歷史任務，而且在日本時期奠定了相當一致的思想基礎。

他們都熱愛文藝，有著共同的反封建、要求個性解放和改造社會的理想。他們在留日和「五四」時期，能夠並肩奮鬥，成為當時文壇上耀眼的「雙子星座」。

作為哥哥的魯迅一直很關心周作人的成長，無微不至地幫助他。周作人從日本回來後，一直都在紹興教書。1917 年，在魯迅和許壽棠的推薦下，由魯迅匯寄路費，周作人來到北京大學，成為特聘教授。

在一開始幾年裡，他們兄弟間的情誼，已經從少年時的相依為命，青年時的共宿共讀，發展到在學術上相互切磋，在事業上攜手前進的階段。

他們共同反對封建思想、文化，提倡新文化、新文學。「周氏兄弟」，同為偷青邦的重要撰稿人，是「五四」文壇上的兩顆明星。

在魯迅居住北京期間，他和周作人信件往返頻繁，共有 260 多封，魯迅還經常郵寄書刊給他，可見他對二弟何等關懷。周作人初到北大任教時，總是先寫好講稿。讓魯迅修改，有時魯迅還幫他謄寫。

自從周作人帶著妻子羽太信子回到中國後，魯迅一直負擔他們全家生活的費用，還經常匯款到東京，接濟羽太家的老人，資助她弟妹讀書。

1919 年，為了全家人能定居北京，實現早年曾經許諾的三兄弟共同生活，永不分家的夙願，魯迅多方奔走，花了 4,000 元買下並修繕了八道灣的房子。這些錢除了有賣掉紹興故宅所得，還用去了魯迅多年的積蓄，甚至向銀行貸了款。

魯迅之所以不惜花費巨款，買了這個院子，是因為房間多，空地大，適宜兒童活動和玩耍。這時他自己並沒有子女，倒是兩個弟弟有子女，而周作人已有一子兩女。

房子修好後，周作人便帶著妻子、兒女和妻舅一批人，從日

本遊玩完畢回到了北京，這一家人就這樣獨占了後院整幢房子。

1919 年 11 月，魯迅搬入八道灣以後，為了全家和睦，他把自己的薪水都交給羽太信子支配。那時他們兄弟兩人的收入，每月約有 600 元。但羽太信子揮金如土，雇了許多的男女傭人，什麼東西都要去日本商店買，大小病都要請日本醫生。所以月月虧空，總需要魯迅到處借錢，而周作人卻不聞不問。

有一次魯迅借到錢，連忙坐黃包車拿回家，卻看見醫生的汽車從家裡開出去，他不免感慨地說：「我用黃包車運來，怎敢得過用汽車帶走的呢？」

魯迅對待別人很誠懇，對於不合理的事情；他要提出來，要處理各種問題，就不免要觸犯羽太信子，這也就招來了周作人的不滿，因此就受到許多折磨和打擊。

魯迅很愛孩子，他買糖果給周作人的小孩吃，羽太信子不讓他們接受，而讓扔掉這些糖。魯迅還聽到她對孩子的斥責：「你們不要到大爺的房裡去，讓他冷清煞！」

孩子們是天真的，不明白什麼叫「讓他冷清煞」，還是要偷著到大爹的房裡去。這彷彿又成了魯迅的罪過。後來魯迅對增田涉談到這些往事；說到糖果被扔掉時，十分感慨地說：「好像窮人買來的東西也是髒的。」

這使聽講者不由想起魯迅常說的「寂寞」這個詞的深沉含義。

文化旗手

　　在和周作人夫婦的相處中，他如牛負重，卻得到了相反的回報，這令人心寒。1923 年 7 月 24 日，魯迅開始和周作人一家分開吃飯。

　　又過了 5 天之後，周作人捧著一封寫好的信，走到前院魯迅的屋裡，要求從此跟他斷絕往來。魯迅讓他當面作出解釋，可是他回過頭去，慌慌張張地走了，以後就始終避不見面。

　　因為周作人輕信了有些神經質的羽太信子的話，終於把長兄逼入困境。兄弟的決裂令魯迅充滿了痛苦與憤怒，他默默地犧牲了自己，而自己幫助過的兄弟竟會這樣蠻橫地對待自己，實在太出乎意料了。

　　魯迅不能忍受這無端的屈辱，決定搬出這個宅院。他透過自己的學生許欽文租來了磚塔胡同 61 號的空房子，這棟小房子，顯得十分擁擠。

　　這時周建人也已經離開八道灣，去上海商務印刷館工作了，這樣，周作人一家就獨占了魯迅用巨款買來的全部房子。

　　魯迅的母親仍和周作人一起住，雖然他們雇了幾個傭人，但是老人卻仍需自己料理生活。後來老人病了，周作人夫婦也很少照顧。於是周老太太哭著來找魯迅，有時就在這裡住下看病。

　　由於心情不好，又得為生活奔波，魯迅大病一場，就是在病中，也不能休息。老太太住不慣租來的房子，魯迅就帶病到

處看房子，在朋友的幫助下買下了阜成門內西三條胡同的房子，加上翻修，花了 800 元。

這個價錢僅是原來八道灣房價的四分之一，由於當時魯迅手頭拮据，還是都向朋友借的，直至去廈門任教時才還清。

雖然魯迅和周作人決裂了，但他因為周作人對新文化事業尚起一些積極作用，還是把私事放在了次要地位，繼續與弟弟處於同一個文學團體中。而且他還始終保有手足之情。

這一點，周作人也意識到了，後來他評價魯迅是借男女愛情的悲劇來哀悼兄弟恩情的斷絕。後來魯迅又寫小說〈弟兄〉，實際上是在追念自己對周作人得病的憂思，表示只要弟弟有難，仍可以向他尋求幫助。周作人也很清楚這一點，他自己說〈弟兄〉所寫，「十分之九以上是『真實』的」。

# 支持學生的愛國行動

「五四」新文化運動繼續向前發展，在中國知識界發生分裂是不可避免的。買辦資產階級知識分子的代表胡適、陳西瀅之流，日益顯露出了他們充當帝國主義、北洋軍閥、官僚的走狗真面目。

於是，魯迅便率領著一支年青的文化新軍，與這些御用文人展開了激烈的複雜的抗爭。

女師大原來是一所由初級師範，改成女子高等師範學校。

它的校長原是魯迅的老朋友許壽裳。許壽裳和北京大學校長蔡元培有著密切的關係。因此，他從北京大學請到許多教師來女師大兼課，魯迅也是其中之一。

許壽裳辛苦經營，使學校有了一番新氣象，而這正惹起了代表封建勢力的教育總長及其爪牙的嫉惡，反動當局對許壽裳製造了許多流言，以致使他憤而辭職。接替者是由教育總長派來的楊蔭榆。

楊蔭榆的封建家長作風，很快就遭到了學生的反對。可是她不但不思改革，反而獨斷專行，橫加彈壓。她還與反動教育當局勾結起來，排除異己，極力壓迫學生。為了中飽私囊，她又違反章程，向學生們徵收額外的費用。這種種劣行，引起了學生們強烈的不滿，於是大家就起來反對她做校長。

11 月初，3 名暑假回家渡假的學生，因軍閥混戰，交通阻塞，沒能按時返校。楊蔭榆卻迫令他們停學。終於激起了更大的公憤，女師大風潮正式爆發。

魯迅堅定地站在進步學生的立場，參加進步師生組成的校務維持會，組織全校學生發起了一場「驅洋運動」。

但是風潮鬧了幾個月，呈文遞了無數，教育部也來人查了兩次，最終還是毫無結果。

1925 年 5 月 7 日，是「國恥紀念日」，北京學生界召開紀念大會。楊蔭榆就借此機會在校內安排了一個講演會，邀請了

校內校外的人士前來演講，並以校長資格出面主持。這是一個陰謀：她想利用這個機會，把學潮平息下去。

楊蔭榆因為有北洋軍閥政府教育當局的支持，她既定的陰謀正一步步開始進行著。第二天，學校公布了許廣平、劉和珍等6個學生自治會代表被開除。

全校的學生都被激怒了，她們立刻到操場上集合，整隊走向校長辦公室，抗議楊蔭榆開除學生的無理決定。全體學生都一致表示擁護學生自治會的代表和她們的總幹事許廣平，並且支持著她拿封條把校長辦公室封掉。抗爭從此更尖銳化了。

學生們於是不得不向各方尋求援助，他們首先求助於平日關懷與愛護她們的校內教師們。魯迅和許壽裳，還有其他幾位教授，就在這時參加了支持學生的正義抗爭。

魯迅和許壽裳等幾個教員在5月27日的《京報》上發表了宣言，聲明對於女師大事件的態度。

正在女師大事件發展過程中，1925年5月30日，因日本帝國主義槍殺中國工人而引起的「五卅事件」在上海爆發了。

反帝反封建軍閥的抗爭於是在全國各地展開，北京的學生愛國運動和全國群眾的愛國運動結合起來了，這使得為帝國主義和封建軍閥服務的買辦資產階級文人大為惶恐。他們紛紛出來為反動勢力辯護。

魯迅立即予以痛斥，並指出，槍殺中國人民的，不僅是帝

國主義者，還有國內的封建統治階級。

魯迅是反動統治者的「眼中釘」。他們以魯迅參加女師大的校務維持會為藉口，非法免除魯迅的教育部僉事的職位。魯迅嚴厲地斥責反動教育當局和楊蔭榆、陳西瀅等人誣衊、壓迫青年的罪惡行為，並向「平政院」提起訴訟，控告被非法免職。

由於長期的緊張和疲勞，魯迅病倒了。但是他卻抱病堅持工作，經常出席女師大維持會、教務會，並主動提出把義務授課時間增加一倍。

在廣大的社會力量的聲援下，學生終於獲得了勝利。1925年11月30日，女子師範大學宣告復校，楊蔭榆被撤職，女子大學取消，學生們回原址上課，「女師大」事件至此取得了完全的勝利。

1926年3月12日，兩艘日本軍艦開進了大沽口，開炮轟擊馮玉祥領導的國民軍。13日，日本政府就向段祺瑞政府提出抗議。16日，英、美、德、意、荷蘭、比利時、西班牙和日本等8個帝國主義國家，對段祺瑞政府又提出了最後通牒，限定18日正午以前答覆。

18日，北京民眾30,000多人舉行反對8國通牒的群眾大會，會後開始遊行示威。當一部分青年學生和各界代表走到段祺瑞政府門前請願時，段祺瑞命令衛隊開槍。霎時間，血肉橫飛，當場40多人遇難，200餘人受傷。

槍聲後，手拿大刀鐵棍的散兵衝過來，他們向中槍倒地、

尚有生氣的人當頭打去。女師大學生自治會主席劉和珍和她的
幾個女同學就在這時被虐殺。李大釗頭部也受了傷，但他仍鎮
定指揮群眾撤離。

　　第二天，段祺瑞賣國政府通緝李大釗等人。接著又通緝了
魯迅。

　　不久，為了牢記這次慘案，魯迅寫了一篇《記念劉和珍
君》。他寫道：

> 我實在無話可說。我只覺得所住的並非人間。40 多個青年的
> 血，洋溢在我們周圍，使我艱於呼吸視聽，哪裡還能有什麼
> 言語？長歌當哭，是必須在痛定之後的。而此後幾個所謂學
> 者文人的陰險的論調，尤使我覺得悲哀。我已經出離憤怒了。

　　在慘案發生後，魯迅被列在通緝的人之中，於是他不得不
出外避難。避難生活很不安定，加之寫作的疲勞，使魯迅回到
自己的寓所後，胃病發作，經過短時間的修養，身體狀況有了
些改善。但不久後，北京的情形起了變化，軍閥吳佩孚和張作
霖相繼來到了北京。

　　1926 年 8 月，魯迅與許廣平不得不離開北京，由津浦路乘
車南下，來到了上海。

　　到上海後，魯迅就和許廣平分手了。他們互相約定，兩年
之後再見面。許廣平由海路去了廣州，在廣州女子師範學校任
教。魯迅離開上海，前往廈門，應廈門大學的聘請，擔任中國
文學系教授兼國學院研究教授。

# 在廈門任教的日子

　　1926 年 9 月，魯迅抵達了廈門，暫時住在碼頭附近的旅館，隨即被林語堂、孫伏園接進了學校。

　　魯迅來到了愛國華僑陳嘉庚籌資創辦的廈門大學。他的到來，在青年學生中產生了強烈的迴響，他們歡呼雀躍，奔走相告。外地也有一批青年，聞信轉學到廈門。

　　在廈大，他擔任「中國文學史」和「中國小說史」兩門課程，還兼任國學院的研究教授。本來文科的教室，一般只有十來個必修的學生聽課，很冷清的。可是魯迅每次來上課，鐘聲剛響，教室裡早就坐滿了人。

　　魯迅的講授之所以特別吸引聽眾，是因為他態度認真、思想新鮮、史料詳實、分析透徹。他每週上 4 節課，有兩節文學史需要新編寫講義，在廈大圖書館資料不足的情況下，為了編好講義，他常常廢寢忘食，銳意搜求。

　　魯迅的這些講義，從文字的起源到漢代的司馬相如和司馬遷，先後在廈門大學和中山大學講過，後來整理在《魯迅全集》中，它就是著名的文學史著作《漢文學史綱要》。

　　青年學生不滿足於只聽魯迅講課，更喜歡直接向他提出問題，尋求生活真理的指導。

　　有一次，一群學生同他談起當地的文藝現狀，感到很不滿意。他們要求魯迅指導創辦刊物，想要提倡本地的新文藝和白

話文，與封建思想做抗爭。

魯迅滿口答應，在他的幫助下，成立了兩個文藝團體：一個叫渙渙社，出版《波艇》月刊；另一個叫鼓浪社，出版《鼓浪》週刊。

這些給青年很大的幫助和鼓舞。魯迅是青年的文學導師，也是他們的知心朋友。不僅學文學的青年，還有學法科、教育科以及其他學科的學生都樂於同他接近。他的思想光芒，照耀在這些青年身上，引導他們向前進。

魯迅到廈門大學沒多久，就感到廈門和仍受軍閥統治的北京一樣「不乾淨」，是一個沒有希望的地方。

這裡的世俗眼光是勢利的，只重衣冠不重人，魯迅卻與此相反，對於生活和衣著毫不講究。因為他跟一般西裝革履、衣冠楚楚的教授、學者不同，所以曾遭到一些人的冷眼。

那時候，廈門大學發薪水給教職員，是由總務處開支票到市區的集通銀行去領取。有一次，當魯迅來到櫃臺，將支票遞過去時，櫃臺裡的人接過支票，抬起眼睛一瞥，慢吞吞地說：「你就是周樹人？」

魯迅點點頭，那人便從上到下再瞟魯迅一眼，不禁疑惑起來：「堂堂一個大學教授，衣著怎麼這樣寒磣？莫非是人家丟了支票，他撿來冒領？」

那個人要魯迅先到一個房間裡等候一下，然後背著魯迅，

打了電話給廈門大學的總務處，完全證實了魯迅確是這個樣子時，才滿臉堆笑地領著他去辦理領款手續。

學校當局也相當腐敗，只認錢財，急功近利。魯迅剛來學校，他們就問年底有什麼文章發表。於是魯迅把《古小說鉤沉》整理一下拿出來，但是剛送走不久，就退回來了，從此再也不敢提這方面的事。

校長林文慶總是借魯迅的名氣來為他裝點門面。有一次，一位銀行家來到廈門大學，學校當局忙得不亦樂乎，又是列隊歡迎，又是大擺宴席。

魯迅蔑視這種繞著「錢」字打轉的風氣，他在給許廣平的通信中說：「我固然是『北大同仁』之一，也非不知銀行之可以發財，然而於『銅子換毛錢，毛錢換大洋』學說，實在沒有什麼趣味。」

有的人不明底細，還要拉魯迅去陪銀行家照相，魯迅斬釘截鐵地說：「道不同不相為謀。」

校長更不識趣，他宴請銀行家，又來邀請魯迅作陪。魯迅在通知單上簽了個「知」。林文慶以為魯迅這下給他面子了。可是依然落了場空歡喜，魯迅沒去。魯迅後來解釋說，那個「知」字是「不去可知矣」。

魯迅本打算在這裡住一兩年，編寫《中國文學史》稿，同時把廈大的文科振作一下，可是相信「有錢人說話」的校長，

即英國籍的中國人林文慶博士，是一個尊孔的買辦，既不懂得魯迅，也不懂得中國文學，他所要求的只是學者的皮、奴才的骨。

這裡的同事們也多是油滑淺薄、語言乏味、面目可憎的人物。魯迅住在圖書館的樓上，下課之後，同事們沒有可與他交談的。現實的蕪雜狀態使魯迅看了很難過，整天面對大海或翻開古書，不免感到孤獨寂寞，便開始了生活的回憶。

正在此時，北京未名社向魯迅催稿，他便寫下了一些回憶童年生活的散文，後收入《朝花夕拾》。

當時，「現代評論」派的人到處排擠魯迅，尤其是銀杏，他是林語堂的祕書。

有一天，銀杏突然走進魯迅的宿舍，一臉假笑，說什麼：「昨天吳教授的少爺已到，需要從這裡搬走兩張椅子。」說完，就夥同來人動手要搬。

魯迅很氣憤，反問說：「倘若他的孫少爺也到，我就得坐在樓板上嗎？」

銀杏啞口無言，神情尷尬地溜走了。事後竟然攻擊魯迅「又發名士脾氣了！」

魯迅聽到了，反問道：「難道廈門的『天條』，只有名士才能多一個椅子？」

10月的一天，國學院要開古物展覽會，要求魯迅將他收藏的碑碣片拿去陳列。魯迅就著手準備，但是他只有一張小方桌

和小書桌，許多展品只好攤到地上，他便伏在地上一一選出。

拿去陳列時，銀杏又不讓工友協助，魯迅只好自己在桌子上放一把椅子，爬上去懸掛展品。孫伏園看著過意不去，曾來幫助陳列。中途，銀杏又將孫伏園叫走。

學校當局這種不尊重教員的態度令魯迅十分不滿，他憤而辭去國學院研究教授的職位，以示抗議。學校當局難以下臺，又將聘書送了回來。銀杏則惱羞成怒，竟又藉故生事。

這時，廣州中山大學多次向魯迅發來邀請的電報，魯迅最後接受了聘請。1926 年 12 月 31 日，魯迅向廈大當局提出辭職。

校長林文慶派祕書送來聘書，假意要挽留魯迅。

在一次會議上，大家討論著文科的預算，校長主張削減經費，最後竟搬出他的買辦式的格言來說：「現在是有錢人說話的時候。」魯迅聽了，摸出一枚兩毛的銀角子來，往桌子上一拍，說：「我有錢，我也要說話！」在這樣的環境中，魯迅的一切言行，自不能不與學校當局相背。

於是魯迅把廈門大學的聘書退還了學校，離開了廈門。

# 在白色恐怖下奔走

這時，中國正進行著革命，「北伐」勝利的消息頻頻傳來，魯迅經常帶著興奮的心情給許廣平寫信報告勝利消息。魯迅在廈大雖然感到有些孤軍作戰，但是他的戰鬥任務，客觀上是與整個革命的要求合拍的。

魯迅的辭職，正是一種陣地的轉移，他要到「革命策源地」的廣州去深入奮鬥的漩渦，集合廣大的百姓來重新布陣。而早已在廣州的許廣平，也表示願做他「永久的同道」。魯迅於1927 年 1 月 18 日便離開了廈門，來到廣州。

在中山大學裡，魯迅任文學系主任兼教務主任。廣州的青年對魯迅景仰已久，他們希望魯迅先生出來領導他們從事文藝運動和社會改革運動。

魯迅說：「我的年紀比較老一點，站在後面叫幾聲，我是很願意的，要我來開路，那實在無這種能力，至於要我幫忙，我或者有力可以做得到。現在我只能幫幫忙，不能把全部責任放在我身上。」

魯迅到中山大學執教的消息傳開後，來訪者絡繹不絕，他開始與各方面人物接觸。

魯迅在廣州度過了農曆新年，領略了南國風光，觀賞了除夕花市，對國民黨達官貴人的宴請請帖，一律寫下「概不赴宴」，並給予退回。

　　魯迅對報上借他來穗之題發表的各種文章，一概保持沉默。別有用心的記者邀魯迅對廣州的缺點加以「激烈的攻擊」，魯迅冷淡地答以「還未熟悉本地的情形，而且已經革命，覺得無甚可以攻擊之處」，由此又招來「老朽」之類的謾罵。

　　魯迅並未還手，他將全部精力貫注到準備開課的教學事務上，表示要對中山大學「盡一點力」，把「中大的文科辦得要像個樣」。

　　那個學期，中山大學要到 3 月 1 日開學，3 月 2 日正式上課，可是魯迅於 2 月 10 日就開始工作了。魯迅除主持召開教務會議、文科教授會外，還忙於眾多事務。因為魯迅是中大第一任教務主任，所以一切教務工作，都得從頭做起。

　　擬訂教務處規章，著手改革預科的學制，精簡預科的科目及教材，接納各地的進步學生入校，主持校內學生及轉學學生的編級試驗，甚至排課表、發通知書、核算成績、寫榜、貼榜等具體工作，都得魯迅親自動手。

　　繁重的工作，壓得他有時連吃飯都顧不上，但他卻毫無怨言。此外，他還要接見各式各樣的來訪者。

　　3 月 1 日，中山大學舉行開學典禮，魯迅應邀即席發表了《讀書與革命》的演講。魯迅說：「對於軍閥，已有黃埔軍官學校的同學去攻擊他，打倒他了。但對於一切舊制度、宗法社會的舊習慣、封建社會的舊思想，還沒有人向他們開火！」

「中山大學的青年學生，應該以讀書得來的東西為武器，向他們進攻，這是中大青年的責任。」

此時，魯迅在青年中間有一個新發現，那便是他們分成了兩個陣營，之間已經展開了激烈的抗爭。在魯迅接近的學生當中，就有好多是共產黨員，可也有「投書告密，助官捕人」的。接著在官辦的報紙上，有人用「流言」的「武器」，對魯迅加以襲擊、陷害。

魯迅在 3 月 29 日，因為謹避「學者」搬出中山大學，自己在廣州東堤賃白雲樓居住。

4 月 8 日，魯迅應邀到了黃埔軍校，發表了《革命時代的文學》的演講說，「中國現在的社會情狀，只有實地的革命戰爭，一首詩嚇不走孫傳芳，一炮就把孫傳芳轟走了」，他「彷彿覺得大砲的聲音或比文學的聲音要好聽得多似的」。

魯迅也談到了革命文學。他認為我們的生活中沒有革命文學。當革命進行時，大家都在忙革命，沒有革命文化。等革命成功之後，大家都去歌頌時，也不算革命文學。真正的革命文學，一方面要有頌歌，另一方面也要有輓歌。

魯迅拿革命去看文學，拿文學去看革命，這是魯迅自己創作的讓革命與文學相互證明的方法。這是魯迅自己的發現和發明。

魯迅也談到了革命有大革命和小革命的區別。小革命就是我們說的改良，大革命有短時期爆發的暴力抗爭。魯迅認為，

革命沒有一刻不存在，大革命沒有，小革命也會進行。因為人類社會的發展史是不能停頓的。

北伐節節取勝，1927 年 4 月 10 日，魯迅在白雲樓寓所聽到廣州民眾上街遊行，慶祝北伐軍攻克南京、上海的歡呼聲，寫下了〈慶祝寧滬克復的那一邊〉一文。魯迅敏銳地提到「慶祝，謳歌，陶醉著革命的人們多，自然是好的，但有時也會使革命精神轉成浮滑」。

魯迅直言告誡，要防止「革命精神從浮滑，稀薄，以至於消亡，再下去是復舊」。魯迅的預言，為幾天後的「東南清黨」所證實。

魯迅在緊急會議上據理力爭，他說：「『五四』運動時，學生被抓走，我們營救學生，甚至不惜發動全國工商界都罷工罷市。我們都是『五四』運動時候的人，為什麼現在這麼多學生被抓走，我們又不營救了呢？」

會議作不出決定，魯迅憤怒退席。他奔走營救學生，捐款慰問被捕學生。然而，中山大學圖書館前貼出開除數百名學生學籍和教職員公職的布告。魯迅以辭去中山大學一切職務表示抗議。學校當局還想利用他的聲望裝飾門面，都被魯迅拒絕。

中山大學當局拉不回來魯迅，翻臉將接近過魯迅的人都說成「魯迅派」或「語絲派」，用盡手段孤立魯迅。魯迅看穿了反動派羅織罪名的伎倆，堅持繼續留在廣州從事創作和翻譯。

　　來訪的青年朋友懇切地勸魯迅到別的地方去，但是他說：「他們不是造謠說我已逃走了，逃到漢口去了嗎？現在到處都是烏鴉一般黑，我就不走，也不能走。倘一走，豈不正好應了他們造謠？」

　　魯迅在白雲樓編完《唐宋傳奇集》，在題記中悼念被殺害的革命青年。在《唐宋傳奇序列》中有「時大夜彌天，碧月澄照，饕蚊遙嘆，余在廣州」之句，概括了魯迅在廣州生活的心情。其寓意：一是諷刺造成白色恐怖的當局；二是對上海某君造謠中傷的反擊。

　　「四一五」大搜捕讓魯迅目瞪口呆。尤其震驚的是那屠殺者中間，竟也有許多青年人，不但是年輕的目不識丁的赳赳武夫，更是年輕的戴著眼鏡的大學生，投書告密，助官捕人，這些青年似乎還特別起勁。殘酷的現實徹底摧毀了魯迅曾經信奉的進化論的思想！

　　1927 年 7 月 16 日，魯迅在許廣平的陪同下，到知用中學作《讀書雜談》講演。魯迅告誡中學生，必須「用自己的眼睛去讀世間這一部活書」、「必須和社會接觸，使所讀的書活起來。」

　　當時，何春才也是知用中學的學生。他還清楚地記得，魯迅先生是針對時弊而發表他對讀書的意見的。他旁徵博引，材料豐富，說話生動，比喻確切，講者暢所欲言，深入淺出，聽者津津有味，深受教育。

當時，廣州還是籠罩在白色恐怖氣氛中，到處搜捕革命青年，而魯迅在公開場合中演講，敢提出與當局主張尊孔讀經相違背的意見，勸導學生搞好功課的同時，不妨看點自己感到有興趣的文學書籍，也不妨看點俄國的文學論著，以開闊眼界。他的言論是合情合理，無懈可擊的。

魯迅先生對有朝氣的、追求進步的青年是很愛護的。有一次在飯桌上，魯迅對何春才說：「你叫何春才，春字下面加兩個蟲就變成了何蠢材。」表面上是開了個玩笑，但何春才根據魯迅先生平時對他的關心和愛護，知道這句話的含意是「你要變成一條龍，不要變成一條蟲」。

魯迅還曾應香港進步青年邀請，赴港發表了《無聲的中國》和《老調子已經唱完》的兩場演講，許廣平擔任了魯迅的廣州話翻譯。對於廣州的政治形勢，魯迅已看出「深綠和深紅」的複雜性，他在冷眼觀察。用許廣平的話來說，「他是要找尋敵人的，他是要看見壓迫的降臨的，他是要撫摩創口的血痕的。等著終竟到來的機會」。

在廣州，魯迅度過 8 個月，他在複雜的環境中筆耕不輟，編輯了舊作《野草》、《朝花夕拾》，續譯《小約翰》，創作了《故事新編》中的〈鑄劍〉，編錄《唐宋傳奇集》等，寫了計劃中的《中國文學史》自古文字起源至漢司馬遷的 10 篇。同時還寫了一批雜文，輯成《而已集》，記錄著他在廣州期間的足跡和思想轉變的過程。

《而已集》的題詞，可以看做是魯迅對自己在廣州的這段經歷意義的小結：

> 這半年我又看見了許多血和許多淚，然而我只有雜感而已。
> 淚揩了，血消了；屠伯們逍遙復逍遙，用鋼刀的，用軟刀的；
> 然而我只有「雜感」而已。連「雜感」也被「放進了應該
> 去的地方」時，我於是只有「而已」而已！

## 患難與共的知心伴侶

1927 年 9 月 27 日，魯迅和許廣平登上「山東號」輪船，離開廣州前往上海。9 月 28 日，魯迅和許廣平先來到了香港。這是魯迅第三次，也是最後一次來到這個被殖民的島嶼。

到達香港的第二天午後，英國殖民當局僱用的兩個檢查員因為沒有得到賄賂，將他攜帶的幾口書箱又撕又扯，翻攪得凌亂不堪。

當魯迅要求他們不再翻看旁邊的箱子時，一個檢查員低聲跟魯迅說，要給 10 元錢才肯罷手。魯迅沒理睬他，於是他們照樣把另外的幾口書箱和提包弄得一塌糊塗，甚至以捏造罪名進行要挾。這場殖民地的小小鬧劇，讓魯迅更感到了當時中國的暗夜無邊。

他們經過幾天海上的航行，於 10 月 3 日抵達上海，幾天之後，遷入閘北區景雲裡的寓所。如今，他們已在患難中結下了深厚的感情，再也不能分離了，也應該在一起生活了，從這時

起，他們正式建立了自己的家庭。

對於魯迅來說，一個有愛情的家庭和一個患難與共、相互了解的伴侶，是多麼的重要啊！許廣平敬仰他，體貼他，衷心地熱愛他，並獻出自己全部的智慧和才華來幫助他。她知道偉大的魯迅不是屬於她自己的，而是屬於這個苦難的民族。因此，她盡自己所能，支撐和保護魯迅的戰鬥。

同居後不久，許廣平曾希望在教育界找個工作，找到後，魯迅卻不願意她離開自己的身邊，他含蓄而深沉地說：「這樣，我的生活又要改變了，又要恢復到以前一個人的生活中去！」

魯迅的話，打動了許廣平的心，她感到魯迅多麼珍愛現在這兩個人在一起的日子，她不應該改變這些，於是馬上決定：不出去工作了，時時陪伴著他，做一個堅貞不渝的戰友和知音去支持他。

對於比自己年輕許多的許廣平，魯迅一方面感謝她真摯的支持，另一方面又像師長一樣關懷和愛著她，到上海兩個月後，他開始教她日語。

雖然魯迅的工作很繁忙，但他卻擠出時間，為許廣平編出27 課的講義，從教單字開始，內容逐步深入。

每天晚上，是他們的授課時間，在安寧和諧的燈光下，夫妻二人認真地教著、學著，不浪費任何一個普通的夜晚。除了有人邀請，魯迅回家太遲了，才會在這一個晚上停學。

　　魯迅到上海後氣色好多了，人也胖了，衣著也整潔了，這都是許廣平照顧的功勞。她除了平日學習日文。其他能夠工作的時間，全部獻給了魯迅，自己把家裡柴米油鹽的一切瑣事都承擔起來。

　　許廣平是辛苦的，除了要替魯迅購買書籍、查找材料、校正文章之外，還要替他織毛衣、做棉鞋、縫衣裳，就連換件衣服，也是她拿到面前，魯迅含蓄地對人讚美說：「我現在換衣服也不曉得向什麼地方拿了。」

　　而繁忙的魯迅一天的時間總是排得滿滿的。雖然在心中感激著，卻極少有交談的時間，他對勞累的許廣平是深懷歉意的。所以每夜在許廣平將去睡下時，他總要陪她坐幾分鐘。

　　這時，他總是說：「我陪你抽一支煙好嗎？」

　　「好的。」許廣平總是這樣回答。

　　煙霧裊裊上升，真的愛情就像爐中的火，很平常，卻讓人溫暖。他躺在許廣平身邊，海闊天空地談著，煙抽完了，他還想談，於是，又請求許廣平：「哦，再抽一支煙好嗎？」

　　「好的。」許廣平說。

　　魯迅更高興了。他又談了起來。然而，勞累一天的許廣平卻在他的聲音與煙霧中睡著了。這時，魯迅才輕輕地走開，繼續坐在那已鋪滿稿紙的燈光下。

　　魯迅曾多次深情地望著勞累的許廣平說：「我要好好地為中

國做點事。才對得起你。」聽到偉大心靈這樣懇切的表白。許廣平幸福地笑了。

然而，他們之間有時也有小小的風波。個性倔犟而從不掩蓋自己情感的魯迅，有時會因為許廣平幾句不合心意的話而不高興。

這個時候，魯迅就用沉默來表達自己的不滿，更嚴重的時候就煙茶不動，像大病一樣，一切不聞不問。這偉大的作家，有時像個孩子似地發洩他的不滿，魯迅不只一次有過這種情形。

魯迅對許廣平生氣的時候，有時會在晚飯之後，獨自一個人跑到涼臺上，在那裡無言地睡下，直至許廣平把他叫醒。

每當這個時候，許廣平總是感到憂鬱和惆悵，但她能夠理解他。而且最多不過一天，魯迅就會意識到自己給親人帶來的不必要的痛苦，於是，他會在撫慰許廣平時道歉地說：「我這個人脾氣不好。」

經過了 8 個月這樣的勞累而美好的生活之後，他們應許欽文之邀，到杭州西湖去休息了幾天。因為曾發生了有人冒他之名騙人的事情，所以他們這次去杭州，只讓兩三個熟人知道。

魯迅在杭州盡情地遊玩了 4 天。時間雖短，但他卻彷彿回到了青春時代。

他們在著名的「虎跑」泉邊，興致十足地品茶，談天，舀泉水洗頭、灌足、嬉鬧，並到泉眼的一個小方水池前去擲銅

元。當他們累了、渴了，就坐下來喝茶，清香的茶水一杯接著
一杯，不知道到底喝了多少杯。

在這次遊玩中的一天晚上，他們還去素餐館「功德林」進
晚餐。雖然魯迅不大喜歡素餐館，但這一次，心情舒暢的他竟
拋開成見，高高興興地吃了一餐。而且為了讓愛人和朋友高
興，魯迅也跟著大家一起稱讚起了這些素菜。在魯迅的一生之
中，也許只有這一次的稱讚他作了「違心之論」。

西湖風景雖然宜人，但魯迅擔心流連忘返於湖光山色，會
消磨人的志氣，還有那麼多的工作要他去做啊！他在杭州只玩
了 4 天，就返回上海了。

在魯迅戰鬥的一生中，這次杭州之遊是僅有的一次，當然
這是許廣平的愛情帶給他的。

文化旗手

# 戰鬥生活

我好像一頭牛，吃的是草，擠出的是奶、血。

—— 魯迅

# 不自由毋寧死

1927 年 10 月 3 日，魯迅和許廣平從廣州到達上海，最初是在閘北景雲裡，先是在 23 號，後又搬到 17 號和 18 號，租了房子居住下來。

恰巧，魯迅和剛由武漢回到上海的茅盾同住一條弄堂，而且是斜對門。於是魯迅和周建人到茅盾寓所來看他，這是他們最初的會見。

之後，魯迅和從香港回上海的郭沫若準備合作，復刊《創造週報》，但由於一些原因沒有實現。在這時，魯迅和創造社的郁達夫又進一步建立了親密的友誼。

魯迅在上海定居後，與廣大的青年以及革命的進步團體，也發生了密切的聯繫。

1928 年初，馮雪峰迴到上海。他是因「鬧革命」而被東北和老家浙江的國民黨通緝，所以來上海暫避。馮雪峰寫了一篇〈革命與知識階級〉的文章，批評了創造社，肯定了魯迅，受到了魯迅的重視。馮雪峰與魯迅認識後，自此兩人無話不談。兩人說話口音不同，但是互相聽得順耳。他們經常徹夜長談，培養出深厚的革命情誼。

1928 年 2 月，魯迅擔任了從北京轉移到上海的《語絲》雜誌的主編。同年 6 月，魯迅和郁達夫創辦了以刊載文學創作和翻譯為主的雜誌《奔流》。

在魯迅的直接幫助下，柔石、王方仁、崔吾真等幾個青年，在 1929 年組織了一個介紹蘇聯、東歐、北歐，以及西方國家進步作家的文學作品和木刻版畫等藝術作品的團體朝花社。朝花社對於木刻的介紹，給中國的新興藝術開闢了一條新的創作途徑。此後，新生的藝術團體在各地紛紛成立。

在魯迅的不斷關懷和幫助下，中國的青年藝術家們用自己的現實主義的作品，奠立了現代中國革命的藝術，特別是新興木刻的基礎。

許廣平將要生育，魯迅在醫院守護了她一夜。因為難產，要動手術，醫生過來徵詢魯迅的意見：「留孩子還是留大人？」

「留大人。」魯迅不假思索地說。

結果，兩條生命都保存下來了。第二天早晨，魯迅得知剛出生的嬰兒是男孩時，便帶著欣慰的口吻說：「原來是男孩，怪不得這樣可惡！」

許廣平讓魯迅給孩子取個名字，魯迅說，「因為是上海生的，是個嬰兒，就叫他海嬰。」

1930 年 2 月 12 日，魯迅、柔石、郁達夫、田漢、夏衍、馮雪峰等人，在上海發起成立了中國自由運動大同盟，簡稱自由大同盟。中國自由大同盟成立宣言號召要爭取言論、出版、結社、集會等自由，反對國民政府統治，指出「不自由毋寧死」，並出版機關刊物《自由運動》。

　　1930 年 3 月 2 日，中國左翼作家聯盟在上海宣告成立。魯迅在成立大會上發表了《對於左翼作家聯盟的意見》的演講，它代表著中國現代文學建設進入了一個新的發展階段。

　　參加發起的作家有魯迅、郭沫若、茅盾、柔石等 50 多人，魯迅被選入由 7 人組成的常務委員會，成為左聯的重要領導人。會後，為了把左聯的文學主張宣傳到青年中去，魯迅馬上到各大學演講。

　　國民黨浙江省黨部指導委員兼宣傳部長許紹棣，將此事祕密報告國民黨中央，經核準以「墮落文人」為名通緝魯迅。魯迅得知這個消息後，為避免牽連別人，於 1930 年 3 月 19 日，隻身避居在日本友人內山完造開辦的內山書店的三層樓上，至 4 月 19 日回家。

　　左聯成立這一年，魯迅共寫了 17 篇論文和雜文，作過 5 次重要演講，翻譯出《十月》、《毀滅》等大量的文藝作品和論著。

　　此外，魯迅還重新修訂出版了《中國小說史略》，與柔石合作編選出版《新俄畫選》，又和內山共同籌備，舉辦版畫展覽會，展出了自己珍藏的蘇聯、日本和德國的版畫 70 多幅。這是中國的第一次版畫展覽會，對於推動版畫藝術的發展，造成了積極的作用。

　　1930 年 5 月間，魯迅由閘北景雲裡寓居，遷移到離那裡不遠的北四川路底的一所公寓的房子裡。9 月間，上海的文藝界的

同好們為慶祝魯迅 50 壽辰，同時也為了慶祝革命文學運動新獲得的勝利。

由於當時國民黨正在通緝魯迅，所以要為慶祝會租借餐廳是最難解決的事。這時，美國進步女作家史沫特萊勇敢地承擔了這項任務，出面租借了一家荷蘭西餐廳，作為會場。

9 月 17 日下午，在這家荷蘭西餐廳裡，舉行了一個不大的慶祝會。魯迅十分高興地參加了。這是一個祕密集會，大家陸續來到這家菜館的小花園裡。

魯迅和許廣平抱著剛滿週歲的愛子海嬰，不斷地向走進園子裡的人致意。他的臉上露出柔和的笑容，眼裡閃爍著智慧的光芒。

會場內熱烈的氣氛和會場外的緊張空氣，形成了鮮明的對比。人們慶祝著魯迅最可貴的 50 年的生活，祝他身體健康。

魯迅這天的談話興致很高，他從自己的青年時代談到了去日本留學，後棄醫從文到最初的文學活動，談到了世界的進步文學及自己的工作計劃等。慶祝會在愉快的氣氛中結束。

這一天。史沫特萊還在西餐廳的院子裡，幫魯迅照了一張相片，作為慶祝會的紀念。

作為 50 壽辰慶祝的餘波，9 月 25 日，魯迅和許廣平攜海嬰去陽春堂照了 3 張相，在與海嬰的合照上題寫：「海嬰與魯迅，一歲與五十。」

# 友好和善的外國朋友

在上海四川北路魏盛裡有一家日本人開的書店，叫內山書店。這家書店離魯迅的住處不遠。

有一天，魯迅來到書店買書。他穿著藍布長衫，鼻下蓄著濃黑的、猶如隸書的「一」字似的鬍子，邁著一種非常有特點的腳步走進書店。

書店老闆內山，一看見進來的人是一位個子雖小，卻有一種浩然之氣的人物，就對他特別注意起來。

魯迅點上煙，指著挑好的幾本書，用流利的日本語說：「請你派人把這些書送到橫濱路景雲裡去，好嗎？」

內山立刻就問：「請問尊姓？」

「周樹人。」

「啊 —— 你就是魯迅先生？」內山驚喜地說，「久仰大名了！聽說您是從廣州剛來到這邊來的，可是因為不認識，失禮了……」然後內山就和魯迅熱情地談笑起來。

從交談中，魯迅得知內山於 1913 年來到上海，在「大學眼藥」房負責經營業務。1916 年初，與美喜子結婚，次年開了內山書店，銷售日文書刊。他覺得內山雖是一個日本人，但是他具有進步思想，關心著中國的文化事業。魯迅很快就對內山產生了好感。

從那以後，魯迅就經常散步來到內山書店，他和內山的友

誼就開始了。內山老闆為了方便和魯迅敘談，特地在店裡騰出一片地方，設了茶座。這種設備在別的書店是沒有的，很方便接待朋友，聯絡感情。

魯迅當然很樂於利用這一設備，時常去，每次去都一定會座談。後來他還把這裡當成會見朋友的專門地點。

「請放心，不出賣朋友的人，在日本人中也是有的。」內山鄭重地對魯迅說，「我非常景仰先生的功績，不管環境怎樣艱險，我都一定保障先生的安全。」

一席話說得魯迅非常感動。他早已發覺，不只是內山老闆，內山全家以及書店的店員，對自己都是那麼的真誠和友好。

以後，魯迅就不只自己去內山書店，也常常帶上許廣平，一起去書店裡坐坐。

在後來任何險要的情況下，內山始終如一地忠實於他們之間的友誼，並設法維護魯迅的安全。內山不愧是魯迅「親如兄弟」的朋友。

不知不覺中，魯迅在上海生活三四個月了。

沒想到這時，在杭州的青年學生中，卻傳說魯迅現在正在杭州，還說他在杭州孤山腳下的蘇曼殊的墓前題了詩：「我來君寂居，喚醒誰氏魂？飄萍山林跡，待到他年隨公去。」

很快，上海的一些朋友，也都來詢問魯迅是怎麼回事。

魯迅感到莫名其妙：怎麼會突然冒出來一個「魯迅」呢？

　　過了幾天，魯迅接到一位女士從杭州寄來的信，信中問魯迅：「自從 1 月 10 日杭州孤山離別後，為何長久得不到音信？」

　　魯迅把這信給許廣平看，許廣平也是莫名其妙：「1 月 10 日……咱們不是一起去內山書店座談了嗎？」

　　魯迅苦笑著搖搖頭，給杭州的朋友寫了一封信，托他們去調查一下。

　　杭州的朋友，經過多次打聽，果然在離西湖不遠的一所小學裡，找到一位也名叫「魯迅」的先生。

　　「我姓周，名叫魯迅，我曾在蘇曼殊墓前題過詩，我還寫過一本名為《吶喊》的小說……」那位「魯迅」先生指手畫腳地說，「但是我對這部小說並不滿意，我正準備寫另外一本小說《徬徨》……」

　　幾個朋友差點笑出聲來，但是他們沒有當場揭穿他，打算事後徵求一下魯迅的意見，再作處理。

　　「以後有什麼事，儘管來找我。」那位「魯迅」先生站起來很熱情地送客，一邊揮舞著手臂說，「我是很樂意指導青年的……」

　　上海的魯迅聽說了這些情況，很是氣憤，他一向厭惡不知自己的努力，而是指向冒充名人的人。他當即寫了一篇〈在傷害的魯迅啟事〉，刊登在報刊上，並託人告訴杭州教育局，勸阻假魯迅不要再裝下去了。

　　在內山介紹下，魯迅結識了另一位日本青年增田涉。這個青年大學畢業後，便立志要翻譯魯迅的作品。所以他來到了上海，很希望能當面請教魯迅，但是又擔心魯迅不接見他。

　　「沒關係的。」內山對增田涉說，因為他深知魯迅的性格，「凡是上進青年，向魯迅請教，認識與不認識的，有名與無名的，魯迅先生都一視同仁的。」

　　於是，增田涉和魯迅相識了。魯迅果然愉快地答應了增田涉的請求，決定每天下午，都抽出一些時間，用日語向他講解《中國小說史略》。

　　每天，約定的時間一到，魯迅就放下別的工作，和增田涉並坐在書桌前，逐字逐句地給他仔細講解自己的作品。增田涉則邊聽邊做筆記。有時時間晚了，魯迅就留他在家中吃晚飯。

　　這樣一直持續了整整 3 個月。

　　後來，《中國小說史略》的日譯本，終於在東京出版了，增田涉覺得魯迅在翻譯過程中，付出了艱辛的勞動、誠懇的建議，兩人署名合譯，但是魯迅卻婉言謝絕了。

　　有一天，魯迅到內山書店去，看見內山的弟弟嘉吉正在使用刀具和木板，為嫂子表演版畫的刻製法。

　　魯迅立刻被吸引住了。他全神貫注地觀看著、思考著。當表演暫停時，魯迅立刻上前，請嘉吉給中國青年講解版畫技術，「對，就像教孩子們一樣，從最初的入門開始 —— 」他誠懇地對嘉吉說。

嘉吉被魯迅的熱情感動了，立刻笑著同意了魯迅的邀請。魯迅高興極了，他隨後便去和友人商議，通知了那些有志於從事版畫藝術的青年。

接著魯迅籌借了會場，又親自擔任翻譯。嘉吉的講習會開始了，他不顧盛夏的炎熱，在蒸籠一樣的屋子裡，同青年一起學習。每天，他都提前到達會場，提著一包版畫的書籍和圖片，讓青年們傳閱，擴大他們的眼界。

當講習會結束後，魯迅把自己珍藏的 6 枚外國珍貴版畫，送給嘉吉，作為酬謝。

由於魯迅的熱情扶植，新興的木刻藝術開始茁壯地成長起來，成為革命文藝運動的重要組成部分。

## 對貧窮者的熱心救助

許廣平生下海嬰後，魯迅為了專心工作，特意請來一個保姆來照顧孩子。這個保姆叫王阿花，她做事又快又好，經常一邊幹活，一邊唱山歌，把孩子哄得很舒服。

後來，魯迅在閒談中得知，她因為受丈夫的虐待，在將要被賣出去時逃了出來。

過了不久，似乎發現前後門有什麼風吹草動，阿花失魂落魄地像有魔鬼來抓她一樣，不知如何是好，有時直往樓上跑。這情況不止一次發生，而且愈演愈烈。

有一天，阿花突然臉色蒼白，像大禍臨頭似的，急匆匆地跑到魯迅跟前說：「不好了，那死鬼就在對門，要是把我拉回去可怎麼辦？」

魯迅仔細一看，發現對門廚房裡確實有不少人，在那裡比畫指點著，唧唧喳喳的。原來阿花的丈夫，從鄉下來到上海，利用各種關係，糾集了一些流氓，想把她捉回去。

魯迅就站起來走過去對他們說：「有事大家商量，不能動手動腳。」經過了一番較量，才稍稍剎住了他們的勢頭。

有四五天，阿花在屋內而不敢出去，流氓在外面而不敢進來，形成了相持不下的局面。

當時上海的上虞同鄉會，本來就是無賴把持的團體，竟在阿花的丈夫的慫恿下，出面要人，結果又被魯迅勸退。後來又來了一位鄉紳調解，一見面才知道，這位鄉紳是北大學生，和魯迅有過來往。

他知道魯迅在錢財上是不計較的，就說：「阿花的丈夫，原來是想搶人回去的，但是既然您要留下她，就請你補貼些銀錢，好另娶一房媳婦。」

魯迅聽了哈哈大笑，不料竟發生這樣的誤會，當即予以澄清。這是阿花堅決要求離婚，不願跟丈夫回去。後來經鄉紳的調解，又請律師辦理，終於在1930年1月9日，由魯迅代付了150元的贖身費，阿花才算獲得了人身自由。

他代付的這筆款項，原來講好了從工資中扣還的，但是不到兩個月，阿花卻另有所愛，離開魯迅走了。

魯迅解救了被壓迫的婦女，雖然自己受了損失，卻很高興。他看到阿花面含歡笑告別，遠走高飛，從此不再受人欺侮，他的歡喜不差於被拯救者。

1932 年秋的一天中午，一家英商汽車公司的售票員急匆匆地往虹口公園趕。這個年輕人叫阿累，他正要趕去接中班。

外面雨下得又細又密，阿累估摸著自己早到了半個鐘頭。上個星期的夜班，每天都要在車上顛簸 11 個小時，他只覺得自己疲倦得像團棉花。為了躲雨，他走進了內山書店。

阿累把帆布袋、夾剪和票板放到地板上，然後去翻書。當他看到魯迅翻譯的《毀滅》時，心裡想：這一定是本好書。然後他拿著這本書，對朝他走過來的內山老闆問道：「這本書多少錢？」

「一塊四。」內山一邊殷勤地回答，一邊把一杯冒著熱氣的茶放在阿累身邊。

阿累低頭看了看自己那一身黃卡其布的工人制服，對這樣的禮遇竟有些意外，感到有些窘迫。他趕緊摸了摸口袋，發現自己只有一塊多錢了，要知道，這可是今後幾天的飯費呢！

阿累躊躇著紅了臉，低低地說了一句：「貴了。」

內山揚起眉毛，用手指捻著那灰綠色厚布紋紙的封面，又拍

了拍那厚厚的印得十分精緻的書，說：「多好的紙，哪裡貴呢？」

阿累也捨不得放下書，拿在手裡摩挲著。這時，魯迅走了過來，問道：「你要買這本書？」

「是的。」阿累回答道。

「你買這本吧，這本比那本好。」魯迅從書架上抽出一本書來，版式紙張與《毀滅》一樣，只是更厚一些，封面上印著兩個大字：《鐵流》。

阿累翻看了一下那本書的定價：一塊八。他連忙說道：「先生，我買不起，我的錢不夠……」

「一塊錢，你有沒有？」魯迅溫和地問道。

阿累一聽，一下子高興了起來，說道：「有。」

「我賣給你，兩本書，一塊錢。」魯迅平靜地說道，阿累吃驚地望著他，突然想起站在他眼前的魯迅似曾相識。

「哦，您就是……」阿累按捺住自己歡喜得要跳出來的心，沒把「魯迅」說出口。

魯迅微笑著點點頭，說道：「這本《鐵流》本來也不想收你錢的，但這是魯先生的書，就收你一塊錢的本錢吧！我那本書，是送給你的。」

阿累從口袋裡掏出那塊帶著體溫的銀元，放到魯迅的手上，然後深深地鞠了一躬，把書塞進帆布袋中，轉頭走進毛毛細雨裡去了。

# 憐愛孩子的好父親

「小紅、小象、小紅象，
小象、小紅、小象紅；
小象、小紅、小紅象，
小紅、小象、小紅紅。」

魯迅口中依著「平平仄仄平平仄」的詩歌調子反覆地唸誦著，一隻手上抱著小海嬰，另一隻手拿著個香菸盒鐵蓋有節奏地敲出「噹噹」的聲響來。而小海嬰則睜著一雙烏溜溜的黑眼睛瞅著父親，一邊「嘻嘻」地笑著，一邊亂揮著小手。

「小紅象」是魯迅和許廣平對他們的兒子海嬰的愛稱。海嬰沒有滿月的時候，雖然請了保姆，但是只讓她帶孩子到中午 12 點就讓她回房休息了，然後是魯迅接班，帶 2 個小時，再交給許廣平。

魯迅是個好父親，他坐在床邊唱「小紅象」唱久了，他就換一種調子來哄小海嬰：

「吱咕、吱咕、吱咕咕呀！
吱咕、吱咕、吱咕咕。
吱咕、吱咕……吱咕咕，
吱咕、吱咕、吱咕咕。」

他就這樣一遍又一遍地唱著、哄著，直至小海嬰倦了，偎在父親溫暖的懷抱裡沉入睡鄉之中。

　　有時，魯迅抱著小海嬰在房間裡來回走著，從門口走到窗口，又從窗口走到門口。困了的時候，他這樣走走，就驅走了睡意。

　　白天，魯迅的工作仍然很辛苦。許廣平就勸他取消夜裡的值班。他也確實很吃力，畢竟年近半百了。但是魯迅卻不肯，一定要盡當父親的責任。

　　海嬰一天天地長大了，五六歲的時候，更愛纏著父親了。

　　魯迅在飯後喜歡吃一點糖果、餅乾當做零食。他靠在躺椅上，把零食放在桌角，一邊慢慢地吃，一邊悠閒地看書，這就是他最好的休息了。

　　但是，他可愛的兒子、海嬰往往就在這時鑽出來了，這個小傢伙毫不客氣地搶吃父親的餅乾。魯迅只是微笑地看著兒子，從不呵責。

　　海嬰也從來不怕父親，吃完東西，他就爬到躺椅上，擠在爸爸身上，輕輕揪父親的鬍子玩。他還喜歡像騎馬一樣坐在父親身上，親暱地伏在爸爸胸前，小嘴裡冒著糖果甜甜的香味，也冒出天真的問題來：「爸爸，你是誰生出來的呢？」

　　「是我的爸爸、媽媽生出來的呀！」魯迅耐心地回答他。

　　「那你的爸爸、媽媽是誰生出來的呢？」

　　「是爸爸、媽媽的爸爸、媽媽生出來的。」

　　小海嬰窮追不捨，又問：「爸爸、媽媽的爸爸、媽媽，直至

好久以前，最早最早的時候，人又是從哪裡出來的呢？」

魯迅聽了，偏頭對許廣平笑道：「你聽好，問來問去問到物種起源上來啦！」

對於兒子的各種提問，魯迅總是盡量想辦法回答：「最早最早的動物，都是從單細胞慢慢變來的。」

小海嬰還是不肯罷休，繼續追問：「那麼，沒有單細胞的時候，所有的東西都是從什麼地方來的呢？」

魯迅終於沒有辦法了，這哪裡是幾句話能說清楚的呢，而且說了，小海嬰也聽不懂啊。魯迅拍了拍海嬰的小屁股，只好說：「這個嘛，等你再大一點，去唸書了，先生就會告訴你啦！」

當然，小海嬰也有頑皮的時候，如果他惹爸爸生氣了，魯迅就會隨手抓起一張報紙，捲成個圓筒，舉得高高的，臉也板得緊緊的。海嬰害怕了，雖然不知道那圓筒打下來疼不疼，但還是趕緊叫了起來：「爸爸，我下回不敢了！」

兒子這麼一叫，魯迅就心軟了，心一軟，臉也扳不住了。

乖巧的海嬰一見父親的臉色緩和了，知道不會再挨打，便撲上去搶那紙筒，嚷著：「裡面有什麼東西？打人疼不疼？」可是搶到手一看，是空的，回頭再看看父親，魯迅哈哈大笑起來。

「爸爸，我做爸爸不要打兒子的。」海嬰很婉轉地向魯迅提出意見。

　　魯迅很有趣地問：「如果兒子壞得很，你怎麼辦呢？」

　　「好好教他嘛，再買點東西給他吃。」

　　魯迅拍拍海嬰的小腦袋，說：「我還以為我是最愛兒子的，看來你比我更和善，還會做感化工作呢！」

　　海嬰聽得似懂非懂，突然冒出一句：「就是嘛，打孩子，什麼爸爸！」說完一溜煙就跑了。

　　魯迅一怔，搖搖頭地笑了。

　　魯迅非常愛海嬰，從這個活潑的孩子身上，他得到了戰鬥後精神上的安慰。他給海嬰買了許多玩具，在給國內外友人的通信裡，一次又一次地報告著這個孩子成長與「頑皮」的訊息，特別是與日本友人增田涉的通信中，海嬰幾乎成了主要的話題，他一點也不掩蓋自己的愛子之情。

　　1932 年，他曾為自己的戀子之情作了詩的辯白：

無情未必真豪傑，憐子如何不丈夫。
請看興風呼嘯者，回眸時看小於菟。

　　上海當局把 1934 年 4 月 4 日定為「兒童節」，但是當時的上海，商店裡賣的玩具，多數都是從外國進口的洋玩具。

　　這一天，魯迅帶著海嬰，在玩具店裡，從琳瑯滿目的貨架上挑選出一件蘇北人製造的玩具。這是用兩個長短不一的竹筒做成的土機關槍，它裝有彈簧和把手，搖起來就「格格」地響。

　　買下玩具後，魯迅和海嬰便一邊走，一邊搖。路上的外國

人看見了，都向他們投來譏笑的目光。

但是魯迅卻毫無愧色，他心裡想：土玩具再土，再簡陋，也是我們中國人自己製造的，是我們兒童世界裡的創造！

過了不久，魯迅便把自己的這些感受，寫成題為〈玩具〉的雜文，熱情讚揚蘇北人，他們以堅強的自信和質樸的才能，敢和洋玩具競爭，稱他們發明的機關槍，是一種不平凡的創作。

## 機智而幽默的精彩演講

1930 年春天的一個晚上，上海中華藝術大學的樓上樓下，甚至樓梯和窗口上都擠滿了人，他們正在等待魯迅先生的到來。大家的熱情驅走了春寒。

魯迅穿著青灰色長袍，在熱烈的掌聲中走上講臺，用粉筆在黑板上幽默地寫了 3 個字「題未定」，轉過身來聲明道：「我今晚想和大家隨便談談有關美與不美、真藝術和假藝術的區別。」

說完，他把隨身帶來的兩幅畫，並排掛在黑板上。一張是法國畫家米勒的《拾穗者》；另一張是英美菸草公司的商業廣告月分牌。

魯迅用手指著《拾穗者》說：「這一張畫單純、樸素，只是畫了田野上農婦彎著腰在拾稻穗，也沒有用什麼精細的工筆描繪，但是由於它深刻動人，反映了真實的農民生活，所以它是真正的藝術品。」

「這一幅呢，」魯迅的手指向月分牌，故意端詳了一番，說道：「這畫的是上海的時髦女郎，看上去很精細，一根根的頭髮絲都畫得一清二楚，可是畫上雖然是個美人，卻沒有真正的美那種動人的力量。為什麼呢，因為它其實一點也不美，只是一個俗氣的商業廣告，誘惑大家去買他們的香菸，它就不是一件藝術品。」

學生們聽了笑了起來，魯迅臉上卻沒有一絲笑容。他告誡青年藝術工作者要反映現實生活，激發人們向上的思想感情。

魯迅在上海期間，經常應邀到各大學去演講，用「真話」喚醒青年，喚起民眾，同惡勢力作抗爭。

左翼作家聯盟成立後不久，作家鄭伯奇通知中國公學分院的代表去邀請魯迅演講。魯迅正獨坐在書房中，臉色蒼白。「唉，我病了幾天了，」魯迅聲調遲緩地說道，「幾個夜裡睡不著，牙齒都落掉了。」他隨手拿過一枚掉下來的牙齒向他們晃了晃，接著說：「恐怕我是去不成了。」

「可是先生，我們是為了擴大『左聯』的文學主張，第一次搞活動吶，第一次做不起來，以後就難了。」代表有些著急了。魯迅想了想，終於還是抱病去了。

鄭伯奇先唱「開鑼戲」。他沒有演講的經驗，講了一刻鐘，眼見聽眾一個個地走掉，心裡直發慌，只好草草結束，趕緊請魯迅先生上臺。

　　魯迅的聲音低沉而舒緩，就像是和親朋好友在談家常一樣。他談起盛產紹興酒的故鄉，談到故鄉結婚的習俗，他說：「有人說『美是絕對的』，這在我的家鄉就行不通。我們那裡討媳婦，就不要那種杏臉柳腰的美人，拿不動鋤頭，做不了粗活，有什麼用呢？」

　　聽眾中許多人笑起來，魯迅沒有笑，繼續說道：「農民們要的是腰臀圓壯、臉色紅潤的健康婦女做妻子，在他的眼裡，這樣的女子才美。所以，我想你們都看過《紅樓夢》的，林黛玉是個美人兒了，但是在賈府裡當了一輩子家奴的焦大，卻不會去愛林妹妹的。」

　　魯迅的話雖然樸實，但是時時閃動著機智和幽默，引起熱烈的掌聲和笑聲。原只剩下寥寥百十個人的大禮堂又擠得水洩不通了，連窗戶上也爬滿了夾著書本的學生。那一張張年輕的臉上都煥發著憧憬的神采。

## 面對刀光劍影毫不畏懼

　　1931 年 1 月 17 日，柔石、李偉森、胡也頻、殷夫、馮鏗五位左翼青年作家在上海被捕。2 月 7 日夜，這 5 個人連同其他 10 多個左翼分子，在國民黨政府的龍華警備司令部被殺害了。

　　魯迅不得不離開自己的寓所，到附近的黃陸路花園莊暫避。國民黨造謠說魯迅被捕了。這使得痛恨魯迅的人十分快

意，使得熱愛魯迅的人十分擔心，不斷有人來信、發電報詢問。

魯迅深深感到自己失掉了年輕的戰友，中國失掉了英勇的青年戰士，在悲憤中，他提筆寫下了沉痛的詩句：

> 慣於長夜過春時，挈婦將雛鬢有絲。
> 夢裡依稀慈母淚，城頭變幻大王旗。
> 忍看朋輩成新鬼，怒向刀叢覓小詩。
> 吟罷低眉無寫處，月光如水照緇衣。

革命作家被暗中殺害了，而當時的報紙上卻不准透露一點消息。「左聯」為了紀念犧牲的同志，在極端祕密的條件下，出版了一期《前哨》、《紀念戰死者專號》。

魯迅在這刊物上發表了一篇題為〈中國無產階級革命文學和前驅的血〉的雜文，提出了強烈的抗議。魯迅寫道：

> 中國的無產階級革命文學在今天和明天之交發生，在誣衊和壓迫之中滋長，終於在最黑暗裡，用我們的同志的鮮血寫下了第一篇文章。
> 我們現在以十分的哀悼和銘記，紀念我們的戰死者，也就是要牢記中國無產階級革命文學的歷史的第一頁，是同志的鮮血所記錄，永遠在顯示敵人的卑劣的凶暴和啟示我們的不斷的抗爭。

此外，魯迅還寫了一篇〈黑暗中國的文藝界現狀〉，委託當時在中國的國際友人，著名的美國進步記者史沫特萊女士譯成英文，寄到美國的進步刊物《新群眾》上發表，向全世界宣告。

　　1932 年 1 月 28 日，日本帝國主義的炮火又在上海響起來了，魯迅的寓所正處於炮火之中。於是全家搬到內山書店暫避，戰事稍平息則立即返回寓所。

　　魯迅和茅盾、胡愈之等 43 人，聯名發表〈上海文化界告世界書〉，抗議日本帝國主義侵略上海，反對中國政府對日妥協。

　　這一年，魯迅還寫了〈我們不再受騙了〉、〈祝中俄文字之交〉等雜文，駁斥帝國主義者的讕言，捍衛社會主義的旗幟，希望中蘇兩國人民和作家在反對帝國主義的戰線上「親密地攜手」。這些文章表明，魯迅深厚的愛國主義情懷是和偉大的國際主義精神相結合的。

　　3 個月後，上海停戰了，可戰爭剛停，人心不穩。魯迅卻鎮定自若，始終不放鬆工作和戰鬥。他利用 4 月下旬的一週時間，編寫了到上海 4 年的雜文，一部為《三閒集》，另一部為《二心集》，並寫了兩篇重要的序文。

　　1933 年 1 月，魯迅參加宋慶齡、蔡元培主持的中國民權保障同盟，被推舉為執行委員。魯迅此時已公開處於與國民黨短兵相接的境地。

　　宋慶齡在〈追憶魯迅先生〉一文中就讚揚魯迅：

中國民權保障同盟每次開會時，魯迅和蔡元培二位都按時到會，魯迅、蔡元培和我們一起熱烈討論如何反對白色恐怖，以及如何營救被關押的政治犯和被捕的革命學生們，並為他們提供法律的辯護及其他援助。

5 月 13 日，魯迅親至德國領事館投遞反抗「法西斯帝」暴行的抗議書。

中國民權保障同盟自成立以來，積極開展各種活動，魯迅更是在文化思想戰線上密切配合，寫了大量的文章抨擊國民黨的法西斯專政的罪惡，因而在中國引起了強烈迴響。

蔣介石集團中有大多數官員具有留學西洋的背景，但他們一旦在中國的土地上執政，就不能理解符合世界潮流的社會民主活動，對中國民權保障同盟的活動自然不能容忍。他們要對魯迅、蔡元培或宋慶齡下毒手，顧忌尚多，於是就先對楊杏佛下手。

1933 年 6 月 18 日，星期日休假，楊杏佛帶兒子於清晨外出，剛從亞爾培路 331 號登車啟動，突聞爆炸聲數響，震耳欲聾，楊杏佛自知不免，立刻用身體掩護同座的兒子。特務們連發數彈，結果，兒子倖免於難，司機受到槍傷，而楊杏佛心腰各中一彈，不治而亡。

慘案發生的當天，魯迅在內山書店聽到消息，立刻趕上汽車，飛奔到民權保障同盟本部。許廣平知道了，忐忑不安，在書店裡等候著他。當魯迅歸來時，許廣平向他訴說剛才的憂思和焦慮。

魯迅卻不以為然地說：「管他呢！就是被殺死了，也打什麼緊呢？」魯迅對楊杏佛臨難時，如此從容，愛護兒子，一直深表讚嘆。

魯迅對來看望他的馮雪峰說，可見楊杏佛「當時是清醒的，首先掩護了自己的孩子」。「有後代，就是有將來！能夠如此，也是不容易的。」

6月20日，是楊杏佛入殮的日子。國民黨放出風聲，說就在這一天暗殺魯迅和同盟中其他幾位。殺人的名單上就連特務的代號都傳出來了，將要暗殺魯迅的特務小組代號「後林」，與殺楊杏佛的是同一個小組。

在大是大非面前，魯迅毫不猶豫地作出了決斷。許壽裳來家，魯迅對他說實在應該去送殮的，許壽裳想了想便表示同去。魯迅果敢地前往萬國殯儀館送殮，並且出門不帶鑰匙，以示他視死如歸、蔑視卑鄙者的英勇氣概。

晚上次來，魯迅寫了一首悼念民主烈士楊杏佛的短詩：

豈有豪情似舊時，花開花落兩由之。
何期淚灑江南雨，又為斯民哭健兒。

過了不幾天，有一個日本人向魯迅探問楊杏佛是不是共產黨員，如果不是，則楊杏佛和共產黨的關係又如何。

魯迅毫不客氣地回答：「楊杏佛不但是共產黨員而已，他還是國民黨的人呢！可見今天國民黨當局，只要是愛國者就是共產黨。就都要加以消滅，是確實忠於帝國主義的，你們日本大可以放心！」

　　1933 年 9 月，世界反對帝國主義戰爭委員會在上海祕密召開遠東反戰會議，魯迅支持和協助這次會議，被選為名譽主席團成員。這一年的上半年，魯迅還用何家干的筆名，在《申報》的《自由談》上發表抨擊時政的雜文。但壓迫緊跟著到來，魯迅不得不適當改換內容，形式有時隱晦、曲折，而且用種種筆名，跟敵人周旋，繼續有力地剖析許多社會惡習。

　　1933 年，魯迅的雜文分別編入《南腔北調集》、《偽自由書》和《準風月談》。《南腔北調集》包括 1932 年的作品，同時還出版他和許廣平的通信集《兩地書》。

　　在生命中的最後幾年裡，魯迅除了參加各種政治活動，並領導左聯外，還用雜文這種武器，集中火力打擊了國際帝國主義者，國聯調查團，揭穿了國民黨所謂「友邦人士」，原是與日本一夥的強盜。

　　打擊了日本帝國主義者和它的漢奸走狗，其中包括堅持屠殺中國人民、對日寇侵略採取不抵抗政策、主張「攘外必先安內」的國民黨；叫中國人民不要反對日寇而去反對蘇聯的「民族主義文學家」，揭穿了國際帝國主義者誣衊蘇聯，進攻蘇聯的陰謀。教育中國人民要分清敵友，打倒進攻蘇聯的惡鬼。

# 不懼威脅的錚錚傲骨

自從魯迅來到上海後，白色恐怖時時威脅著魯迅的安全。魯迅的學生和朋友常有被逮捕或者暗殺的。

魯迅每次和許廣平出門的時候，他都讓許廣平不要和他靠得太近。因為離得遠些，萬一特務突然下殺手，許廣平還能安然脫險，不至於受到牽連。

可是許廣平怎麼肯呢？所以兩個人吵起嘴來，魯迅有時很生氣地對許廣平說：「為什麼要同時犧牲兩個人呢？你懂不懂？」

許廣平卻不聲不響，就是不離開他，魯迅一點辦法也沒有，只好生悶氣。

1932 年的一個冬日，郁達夫的哥哥郁華來到上海，郁達夫在聚豐園為他接風，請了魯迅和詩人柳亞子夫婦作陪。

「你這幾天辛苦了吧？」魯迅一到，郁達夫便笑著向他打招呼。

魯迅一邊入座，一邊微笑著回答：「我可以用昨天想到的兩句聯語來回答你。就是：橫眉冷對千夫指，俯首甘為孺子牛。」

「噢？看來你的『華蓋運』還沒有脫啊？」郁達夫開起了玩笑。

魯迅向郁華和柳亞子夫婦打過招呼後，又回頭接過郁達夫的話茬說道：「我平生沒有學過算命，不過聽老輩人說，人有時

是要交『華蓋運』的。我要是和尚倒好了，頂上有華蓋，總該是成佛作祖的先兆羅。」

魯迅自嘲地一笑，接過郁達夫遞過來的香菸，向他點點頭說，「可我又不過是個俗人，華蓋在上，就要給罩住了，只好碰釘子。」

大家聽完魯迅的話，全都哈哈笑了。等他們笑完了，魯迅接著很認真地說：「給達夫這麼一說，我倒又得了半聯，可以湊成一首小詩了。」

說完，魯迅立即凝眸沉思起來。

柳亞子十分喜愛魯迅吟出的那一聯詩，便說：「聽說豫才兄的字是極好的，不知能否送我一幅，讓我也一飽眼福？」

魯迅很爽快地答應下來。過了幾天，魯迅擬了一首《自嘲》詩，在一幅宣紙上揮灑起來，這是他打算送給柳亞子的。詩說：

運交華蓋欲何求，未敢翻身已碰頭。
破帽遮顏過鬧市，漏船載酒泛中流。
橫眉冷對千夫指，俯首甘為孺子牛。
躲進小樓成一統，管他冬夏與春秋。

寫好後，魯迅正端詳著未乾的墨跡，內山推門走了進來，立刻被桌上的條幅吸引住了，情不自禁地讚道：「好瀟灑的書法！」

魯迅便用日語向他解釋這首詩的意思，特別著重講了第五六句詩：「我們中國有句古話，叫『千夫所指，無病而死』。

現在我這一支筆也是觸到了許多小丑們的痛楚，於是他們把誣衊、誹謗、造謠、迫害什麼手段都用上了！」

魯迅說著突然憤怒地拍案而起，在室內一邊踱步一邊接著說：「我是不怕的，照舊在我的小樓裡寫些令他們不舒服的文字，管他外面的氣候怎麼樣。」

魯迅說到這裡，一股悲憤湧上心頭，想到在高壓政治下，這「破帽遮顏」、「漏船載酒」的生活，想到顛沛流離的避難經歷，他卻流下了熱淚。

堅強的魯迅不願被內山看到淚水，便轉過身去，誰知卻聽到身後傳來一聲壓抑的嗚咽。他不由回頭一看，內山已經是淚流滿面。

許廣平不知什麼時候也來了。她默默地倚在門框上，看著、聽著，悄悄地用手絹拭去湧出的淚水。

1936 年春的一天，正在書店忙著的內山聽到魯迅的高聲呼喚，趕緊迎出來，攙著魯迅走進書店，讓他坐在沙發上。

內山問道：「先生今年身體一直不好，該在家裡好好養著啊！」

魯迅搖搖頭，請內山也坐下，說：「今天的精神很好，所以試著出來走一走。」

內山一聽，為魯迅的病有了起色而高興，站起來替魯迅泡了一杯茶。

魯迅笑嘻嘻地看著他忙，說：「我今天收到一封南京的來信，信紙上印著政府軍事委員會，我真是不勝榮幸啊！」

內山一聽，卻心中一驚，趕忙問：「寫的什麼呢？」

「喏，來跟我討價還價，讓我放下筆，離開上海，讓他們舒服一點。交換條件呢，是解除對我的通緝令。」

「噢！有這樣的事，先生回信了嗎？」

魯迅眨了一下眼睛，臉上現出諷刺的笑容來：「閒來無事，我就寫了一封信答覆他們。我說很感謝他們的懇求。我說我的餘命已經不長，所以，至少通緝令這東西就仍舊隨他去吧！」

魯迅忍不住看著內山笑起來，笑中甚至有一絲孩子般的頑皮。內山也受到感染，微笑著，但是心中卻抽痛了一下。

對於奴顏和媚骨，魯迅則一直非常憎恨。

一天，曹聚仁先生請幾個朋友吃飯，同席的有魯迅、林語堂、陳望道等人。林語堂也是個作家，和魯迅交往很久了，彼此也算比較熟悉。

這天大家的興致都很好，一邊喝酒一邊聊天，氣氛也相當融洽。林語堂嚥下一口油汪汪的大蝦，用餐巾抹了一下嘴角，很得意地開了腔：「有一次我到香港去，正碰上幾個廣東人講著廣東話，他們像講國語似的，講得很起勁。我心裡很生氣，因為我一句也聽不懂啊！於是，我就急了，我就趕緊想了一個辦法，就與他們講起了英語，哈哈，沒想到他們根本聽不懂英

語，他們一下子就傻了，哈哈……」

林語堂正說得樂不可支的時候，突然聽到「嘭嘭」兩聲巨響，原來是魯迅重重地拍了兩下桌子，只聽得魯迅氣呼呼地說：「你算什麼東西。」

林語堂一怔，一時不知所措。

魯迅直指林語堂，極不客氣地數落道：「你是哪國人呢？你這樣做有何居心呢？是想借外國話來壓我們自己的同胞嗎？哼！我勸你不要一副『西崽相』！」

同席的人也對林語堂很不以為然，但是大家從沒看過魯迅發這麼大的火。這是因為有極強的民族自尊心啊！

林語堂的臉漲得通紅通紅，羞愧得不敢再抬頭看大家。

## 義無反顧地保護革命者

1931 —— 1934 年 1 月初，魯迅和瞿秋白在交往中建立了深厚的友誼，他們共同研究和領導「左聯」的工作，積極提倡文藝大眾化運動，在反對「自由人」和「第三種人」的抗爭中，互相配合和應援。

魯迅和瞿秋白還一起構思，由瞿秋白執筆寫了 10 多篇雜文，用魯迅常用的筆名發表。瞿秋白高度評價魯迅的戰鬥業績和雜文，編了一本雜文選集，並撰寫《〈魯迅雜感選集〉序言》，總結魯迅思想發展的歷程和他的雜文的戰鬥意義。

在與魯迅共同奮鬥的日子裡，瞿秋白曾 3 次到魯迅家避難。

瞿秋白與魯迅精誠相見，開懷暢談。他們傾心交談，從文化界複雜抗爭的形勢到國民黨反動派的「兩個圍剿」；從帝國主義的侵略野心，到「九一八」事變；從蔣介石的不抵抗主義，到中華國土的不斷淪喪等，兩人觀點不謀而合，分外投機。

魯迅對瞿秋白的生活非常關心，特意將自己的書房兼臥室騰出來，讓秋白夫婦居住。

瞿秋白特別喜愛魯迅的兒子小海嬰，託人到一家大公司買了一盒價格昂貴的高級玩具，送給 3 歲的海嬰。這玩具是一種「舶來品」，用鐵製成，可變換組成各種造型，魯迅稱之為「積鐵成象」。

瞿秋白在盒蓋上詳盡地寫明了眾多零件的名稱，共多少種，多少件，寫得非常用心。

魯迅知道秋白夫婦收入微薄，為此深感不安，而瞿秋白意味深長地說：「做個紀念吧！日後孩子大起來，也知道世界上有個何叔叔。」

「何」是瞿秋白的化姓。

魯迅深受感動，遂在日記中寫道：「下午維寧及其夫人贈海嬰積鐵成象玩具一盒。」維寧系秋白筆名魏凝的諧音。

1933 年初，日寇進犯山海關，平津危機。蔣介石要加緊對中央蘇區進行圍剿，同時在上海大肆搜捕中共領導人。

2 月上旬的一天，共黨的上海臨時中央局接到祕密情報：是晚國民黨特務要在紫霞路一帶破壞一處機關，經分析，瞿秋白夫婦住處首當其衝。值此緊要關頭，共黨派中央局組織部長黃文容，即黃玠然，通知瞿秋白夫婦迅速轉移。

傍晚，黃文容來到紫霞路，商量去處時，瞿秋白想了想，說：「我知道有一個地方可以去……」瞿秋白隨後便說出了去魯迅家。於是，他們在天黑時分便雇了黃包車，來到四川北路魯迅寓所。

瞿秋白與魯迅一見面，就像久別重逢，馬上暢談起來。

重返魯迅家，瞿秋白深感時日的珍貴，於是投入了緊張的工作。關於當前抗爭的情狀，關於「左聯」的工作，關於文壇輿論動向與諸般文人的分野等，瞿秋白有許多新穎獨到的見解需要寫出來發表。他先打好腹稿，再徵求魯迅的意見，進行修潤補充或變換素材，然後完稿。因此，不少文章實係這一對戰友的聯袂傑作。

瞿秋白寫作速度驚人。魯迅家每日午飯後至 15 時為休息時間。這時秋白便關了房門，靜靜地伏案而寫。等午睡起床，他便拿著剛剛寫就的雜文一兩篇請魯迅過目。

瞿秋白工作往往廢寢忘食，但由於勞累過度，經常咯血。魯迅勸他注意休息，他總是笑而作答：「老毛病了，不必擔慮。」瞿秋白在病中，編譯完成了《現實馬克思主義論文集》一書。

1933 年 2 月 16 日，英國戲劇家蕭伯納訪問中國，先到上

海。宋慶齡熱情接待了他，並由蔡元培、魯迅等作陪，在福開森路世界學院特意組織了由上海各界名流參加的歡迎會，請蕭伯納作了講演與答記者問，轟動了上海輿論界。

魯迅覺得很有必要編一本關於蕭伯納在上海的書，便與瞿秋白商議，瞿秋白欣然同意，於是他們投入了緊張的合作。由許廣平與楊之華負責蒐集和剪貼資料，魯迅與秋白分別寫了《序言》和《引言》。

魯迅寫道：這本書「是重要的文獻」；瞿秋白稱讚蕭伯納是「為光明而奮鬥的、世界和中國的被壓迫民眾的忠實朋友」。《蕭伯納在上海》一書編好後，魯迅與瞿秋白共同用一個筆名「樂雯」署名，並交野草書屋於是年 3 月出版。這本書是魯迅和瞿秋白友誼的見證。

1933 年 6 月，時任上海臨時中央局宣傳部通訊社社長的馮雪峰，調往江蘇省委宣傳部工作。中央局決定讓瞿秋白到通訊社，主要負責審核專稿與文件，並為共產黨報撰寫文章。

為了工作上的方便，瞿秋白住在馮雪峰處，是在王家沙鳴玉坊花店的樓上。中共江蘇省委機關也設於此處。歷經月餘，時至 7 月 8 日前後的一天夜晚，馮雪峰獲悉緊急「警報」：

省委機關被敵人發現，牽連到他們的住所，必須盡快轉移。

於是，瞿秋白與楊之華匆匆收拾行李，各乘一輛黃包車，半小時之內來到魯迅家。當夜馮雪峰放心不下，趕至大陸新村

探視，見瞿秋白與魯迅正在傾心交談，方才釋念。後因工作需
要，中央決定仍由黃文容護送瞿秋白夫婦往成都南路高文華家
住下。高文華是臨時中央機關內部交通主任，其家為黨的領導
同志閱讀文件之處。

在 8 月底 9 月初的一個深夜，「警報」傳來：高文華家進
入特務搜尋之列，岌岌可危；瞿秋白夫婦必須當夜撤離。這一
次，他們商定，仍到魯迅家。當時已經是凌晨 2 點左右，夜深
人靜，他們各叫了一輛黃包車。為了防止路途中有人盤問，高
文華還將睡夢中的女兒叫醒，陪楊之華同行。

為了防引人注意，瞿秋白夫婦事先約定分別由魯迅家的前
門和後門進入。

急促的敲門聲，將魯迅與許廣平驚醒。先後兩次敲門聲，
驚動了東鄰日本人和西鄰白俄巡捕。他們打開窗子張望，見外
邊平安無事，才再次睡下。

魯迅與許廣平對待瞿秋白夫婦一如既往，熱情接待，並為
秋白夫妻準備了夜餐。待一切做完之後，天已濛濛亮了。魯迅
與瞿秋白新一天的戰鬥生活又開始了。

1935 年，當瞿秋白在福建長汀被反動派殺害時，魯迅十分
悲痛。後來，還在病中的魯迅整理出版瞿秋白的譯著《海上述
林》，表現了最可珍貴的革命情誼。

# 為抗爭拒絕到海外療養

在黑暗與暴力的進擊中，魯迅堅韌頑強地奮鬥著。此外，他還編印刊物，給青年校文稿，翻譯介紹蘇聯文學，提倡大眾語、大眾藝術，這些都是在反動派的迫害下進行的。再加他日常接近的革命志士的失蹤和死亡，這自然侵蝕著他的身心健康。

魯迅本患有肺病，到 1934 年 12 月 14 日夜病發，感覺脊肉作痛、盜汗。魯迅的朋友就勸他設法異地療養，但是他不願離開多難的國家。

魯迅在給李秉中的信中說：

> 時亦有意，去此危邦，而眷念舊鄉，仍不能絕裾徑去，野人
> 懷士，小草戀山，亦可哀也！

當時的蘇聯作家高爾基也曾邀請魯迅作為私人賓客去蘇聯住兩年，但魯迅考慮種種原因，也不願意去。1935 年秋，蘇大使館邀請魯迅去蘇聯觀光，他的中外朋友都希望他去，但結果仍是沒有去。

1935 年下半年開始，魯迅的健康情況越來越糟糕了。許多親朋好友都勸他住院，或者外地療養。但是為了奮鬥，魯迅仍是忘我地工作，沒有考慮自己的身體。

「趕快工作，趕快工作！」他不斷地用這句話來鞭策自己，來發揮自己生命的最大效用。

許廣平在〈欣慰的紀念〉中說：

第一，他以為那時正在迫壓最嚴重，許多敢說敢做的人，都
先後消沉，消滅，或者不能公開做他們應做的工作，自己這
時還有一支筆可用，不能潔身遠去。

第二，他自己檢討，對社會人類的貢獻，還不值得要友邦如此
優待，萬一回來之後仍是和未出國前一樣的做不出什麼，是很
對不起的，一定要做出什麼來呢！環境是否可能也很難說。

第三，照他自己耿介的脾氣，旅費之類是自己出最好，自己
既然沒有這能力，就是給一般造謠者的機會，不是並不一
動，就已經說他拿盧布嗎？

年底，魯迅的身體更不好了，常有低燒，也容易疲勞，但
是他還是做了許多工作，寫了不少文章和書信。

1936 年元旦過後，魯迅的肩和肋開始痛得厲害。

「趕快工作。」他還是不斷地激勵著自己。疼痛在他忘我的
工作中，似乎真的有所減輕了。

3 月初，他到一個冷房子裡去找書，一不小心，受寒患了
氣喘，病情更加嚴重了。家裡人為他請了當時很著名的須藤醫
生，進行診治，但是病情時好時壞的。

到了 5 月，他的病仍不見好轉，並且不斷發燒。這引起了
朋友們的擔憂。

史沫特萊多次來看他，請他另外請醫生治療。但是魯迅不
承認自己病情嚴重，仍認為只是疲勞的結果。

後來，經過幾個親友的商量，瞞著他，由史沫特萊請來了美國的鄧醫生 —— 當時上海唯一的歐洲肺病專家。

魯迅和史沫特萊有很深的友誼，看她這樣關心自己當然是很感激的，他無奈地皺皺眉說：「真的謝謝你的關心，我知道你是好意，你實在太重感情了。你們外國人對於生命，倒比中國人看得重啊……」所以同意了鄧醫生的檢查。

經過診斷，鄧醫生感嘆地說：「你真是個最能抵抗疾病的典型中國人！倘若是歐洲人，早在五年前就已經死掉了……」醫生這樣說了，無疑是宣告了魯迅即將死亡的消息。

大家得到了這個診斷結果，魯迅周圍的親人和朋友不禁落淚了，但是魯迅卻依然從容對待。

看到大家的傷感，他樂觀地對大家說：「醫生再高明，也一定沒有學過給『死了 5 年』的病人開藥方的辦法。」很顯然，他已經決定不再接受鄧醫生的任何治療了。

之後，魯迅常常拿這句話來和朋友們開玩笑：「你們知道的，我其實 5 年前就已經死掉了！所以，我還得趕快工作，才能對得起死去的我啊！」他相信自己的身體，對於疾病有很強的抵抗力。因為他在精神上從來不曾向疾病屈服。

不久，蘇聯朋友透過中國共產黨的關係，邀請魯迅去莫斯科療養。

「我已經活了 50 多歲了，人總是要死的，況且我的病也沒

那麼危險。」他說，「我不怕敵人，敵人怕我。我一天不死，就可以拿起筆桿子戰鬥一天 —— 而我離開上海去莫斯科，只會使敵人高興，所以，你要我怎麼能夠離開呢。」

儘管已經疾病纏身，但是他從不把這病放在心上。他的腦子裡只有「趕快工作」的念頭。

「反正身體已經這樣了，與其不工作而多活幾年，倒不如趕快工作，少活幾年的好……」魯迅時常這樣想。這念頭催促著他，鼓勵著他。他只要不病倒，能夠坐起來，就不願意閒著，而是想得很多，做得很多。

魯迅拖著病體，印外國版畫，籌劃雜誌的復刊，翻譯《死魂靈》的第二部，編校朋友託付的《海上述林》的稿件。他還計劃著要為自己編 30 年作品集，撰寫「中國文學史」，還考慮要創作一部早就有構思的長篇小說，反映中國四代知識分子的生活經歷，他想做的事太多太多了……

然而，最主要的原因是，魯迅以為中國需要他，他不能走，沒有人應該逃避，必須有人出來堅持奮鬥。

夜深人靜，魯迅仍堅持在燈下寫文章。他一陣陣接連不斷地咳嗽，可是心中裝的只有百姓的事業，唯獨沒有考慮到自己。

魯迅曾對馮雪峰說：覺得那麼躺著的日子，是會無聊得使自己不像活著的。如真不工作而多活幾年，倒不如趕快工作少活幾年的好。因此，和他談到工作計劃時使他的精神振奮，談

到養病計劃時就使他不快。果然，魯迅晚年在戰鬥生活中特別放光輝的日子到來了。

## 悉心呵護培養文藝新苗

1935 年，在平津危急、華北危急之際，魯迅日益關注形勢的發展和文化思想的動向，他著文批判日蔣共同鼓吹「尊孔復古」、「中日親善」的謬論。

當北平學生爆發「一二九」運動時，魯迅熱情表達對運動的支持，肯定地說：「石在，火種是不會絕的。」

魯迅、宋慶齡等人，甚至捐款支持學生抗日救國運動。

魯迅還冒著極大風險，保存了重要的方志敏在獄中寫給共黨中央的信和一些文稿，並妥善地轉送給共黨中央。

1935 年 8 月 6 日，紅十軍團軍政委員會主席方志敏被國民黨當局殺於江西南昌。7 月，蔣介石曾到南昌行營北營坊看守所，命人打開方志敏腳鐐，對方勸降，末了怒氣衝衝而去。

事後，方志敏對人說：「我只回了一句話：你快下命令吧！」幾天後，方志敏說服同獄胡逸民待其出獄，將自己的一卷書稿轉交魯迅先生，請魯迅轉交共黨中央。

一天夜裡，魯迅意外收到一包東西。他按照送東西人的提示，先把那張右上角有墨點的 10 行字拿出來，用碘酒加水沖洗。很快字跡便顯現出來了。

魯迅仔細地看下去，他的心突然緊緊收縮，當「方志敏」的名字映入眼簾時，他的雙眼模糊了。

魯迅深情地凝視著，胸中捲起了洶湧的思潮：方志敏，這位威震海內的將領，在千里之外，犧牲之前，竟想到自己這樣一個素不相識的人，並把比生命還重要的密件託付給自己。這是何等堅定的信任啊！

魯迅懷著莊嚴而痛惜的心情，翻閱這三張空白的紙翻閱著包裡的兩本文稿：《可愛的中國》和《清貧》，這裡面跳動著一顆赤誠的心，閃爍著崇高的革命理想。

魯迅被深深地感動著，他小心地包好了這包珍貴的東西。在白色恐怖十分嚴峻的日子裡，魯迅燒了不少信件，但是卻冒著生命的危險，把方志敏的革命文物保存了下來。

事後，魯迅終於透過關係，把方志敏託人送來的東西，轉送給共黨中央。

1934 年 8 月 5 日，魯迅在日記中寫道：「生活書店招飲於覺林，與保宗同去，同席八人。」這裡記述的是巴金與魯迅的首次相逢。

巴金還清楚地記得，那天他先到，不久，隨著門簾挑動，一個面容和善，身材瘦小，而且唇髭和眉毛濃黑的長者跨了進來，後面還跟著一個人。

由於長者的形象與巴金先前在照片上所見到的一模一樣，

故不用介紹，巴金就確信無疑，此人必是「有筆如刀」的大作家魯迅。果然，當大家紛紛起身與長者親切握手時，都尊稱他為「魯迅先生」。

在吃飯的過程中，魯迅話語風趣，顯得平易近人、和藹可親。這讓原本有些拘謹的巴金在不覺間，感到自己的心與魯迅貼得近了。

不久之後，巴金決定到日本留學。1934 年 10 月 6 日，好友黎烈文、傅東華在南京飯店設宴，為巴金餞行，魯迅也應邀參加。席間，魯迅談笑風生，並特別熱心地向巴金介紹日本的風土人情，講了幾個中國留學生因語言不通而鬧出笑話的故事，他還鼓勵巴金到日本後仍要堅持多寫文章。

1935 年秋，巴金回國，就任上海文化生活出版社總編輯，在工作上時常得到魯迅的鼎力幫助。編輯「文學叢刊」時，巴金曾一度為稿源不足所困擾，魯迅得知後，即寫信向青年作家蕭軍約稿。

在這封信中，魯迅說：

有一個書店，即文化生活出版社，是幾個寫文章的人經營的，他們要出創作集一串，計 12 本。願意其中有你的一本，約 50,000 字，可否編好給他們出版，自然是已經發表過的短篇。倘可，希於 15 日以前，先將書名定好，通知我。他們可以去登廣告，我認為這出版社並不壞。

3 個月後，蕭軍的短篇小說集《羊》被文化生活出版社推出。而魯迅所編的《凱綏‧珂勒惠支版畫選集》，複製的大型畫冊《死魂靈百圖》，也都交由該出版社出版。

在退還《死魂靈百圖》校樣時，魯迅致信巴金，就該書的編校技術問題提出了具體的意見：

> 校樣已看，今寄上。其中改動之處還不少，改正後請再給我
> 看一看。裡封面恐怕要排過。中間一幅小圖，要制鋅版；3
> 個大字要刻起來；範圍要擴大，和裡面圖畫的大小相稱。
> 如果封面和序文，都是另印，不制橡皮版的，那麼，我想最
> 好是等圖印好了再弄裡封面，因為這時候才知道裡面的圖到
> 底有多大。

這對於正從事著編輯出版工作的巴金，無疑是最切實而具體的指導。

1935 年，《文學》雜誌第五卷第六期上發表了周文的短篇小說〈山坡上〉。因為編輯做了較多的刪改，於是作者提出抗議，遂引發了一場爭論。被編輯刪去的後半部，是描寫歷經激烈戰鬥倖存下來的主角甦醒之後的一大段文字。

作者認為如果缺少了這一過程，就不符合人物性格發展的邏輯，也失去了作品原有的主題，而且捂著打出來的腸子作戰並非不可能，故不應刪改。作者為此請魯迅出面主持公道。

沒想到，魯迅竟然非常認真地就「腸子爆了出來是否還可

以打仗」的問題問過軍醫，然後勸作者在將來編印單行本時，照原稿改過來就是了。可見，魯迅雖然知識廣博，但對自己不確定的問題卻採取了謹慎的態度。

在後來的一次談話中，魯迅對巴金說：「盤腸大戰古已有之，並非新從外國輸入，可見過去的編輯比今天的編輯開通。對這一類的編輯，應當要求他們『筆下留情』。」

這件事讓巴金深深地懂得，任何人的知識都是有限的，而生活與文學的天地則是無限寬廣的。

在文學創作的道路上，作家葉紫也曾得到魯迅的關懷和指導。他是一個在魯迅的幫助下成長起來的青年作家。當葉紫的短篇小說《豐收》出版時，魯迅親自作序，熱情地鼓勵了他的文學成績。

葉紫經常疾病纏身，生活非常艱難。魯迅深知這一點，時常用自己的稿費，資助這位貧病交加的青年。

一天，魯迅懷裡揣著幾個燒餅，走進了葉紫的家裡。

葉紫的肩上背著一個孩子，手裡抱著一個孩子，伏在書桌上，緊張地進行著藝術構思。

魯迅的突然到來，使葉紫激動萬分。

「先生……」葉紫驚喜地叫道。

「你忙，你忙……」魯迅微笑地說著，把懷裡還冒著熱氣的燒餅，分送到兩個孩子的小手上。

　　葉紫感激得一句話也說不出來了。

　　1935 年 11 月 25 日，魯迅在致葉紫的信中說：先前那樣一步九回頭的作文法，是很不對的，這就是在不斷地不相信自己，結果一定做不成。

　　魯迅的諄諄教導，展現了晚年魯迅對文學青年的培養與關愛。

# 為青年作家仗義執言

　　1934 年，國民黨政府為了實行文化封鎖，成立了「圖書雜誌審查委員會」，對所有出版物的原稿，強迫進行審查。

　　魯迅的著作被查禁的，就有 12 種。《自選集》雖然是魯迅幾十年前的作品，那時國民黨還未當權，但還是無一例外地被查禁了。

　　許多書店都不敢印刷魯迅的書籍，雜誌社也不敢再輕易收魯迅的稿件了。但是魯迅並沒有因此而停筆。他利用各種關係，不斷地變換筆名和筆法，繼續給《自由談》等刊物投稿，而且逐漸擴大範圍，給《中華日報》副刊等多種報刊寫些文章，給無聲的中國，擲出匕首和投槍般的文字。

　　魯迅把這一年的短評編成了一冊《花邊文學》。他在《花邊文學》中說：「因為『花邊』是銀元的別名，有人說我的這些文章是為了稿費，其實並無足取！」

　　魯迅還把這一年的其他文章集成了《且介亭雜文》一書。因為魯迅住的上海北四川路，是帝國主義的「半租界」、「且」是「租」字的一半，「介」是「界」的一半，「亭」是指房子，意思是，在半租界的房子裡寫的雜文。

　　因為魯迅經常變換筆名，而一些青年作者的名字，在當時又多是比較陌生的，這就引起了那些「專門用嗅覺看文章的人」的疑神疑鬼、胡亂猜測，常把青年作者的文章看成是魯迅的作品，指桑罵槐地攻擊魯迅。

　　有一個叫唐弢的青年作家，他的文章風格和魯迅的很相似，他寫的雜文常常被人當成是魯迅寫的，以致魯迅常常替他挨罵。

　　唐弢一直很想當面去向魯迅道歉，但是他又非常敬畏魯迅，很害怕魯迅生氣，並批評他。

　　正當唐弢想見又不敢見魯迅的時候，在一次《自由談》編輯部的聚會上，他意外地見到了魯迅。在他們互相通了姓名以後，魯迅笑著說：「噢，你就是唐弢先生，你寫文章，我可在替你挨罵喲！」

　　唐弢立刻緊張起來，以為真是要挨罵了，嘴巴結結巴巴，不知說什麼好。

　　魯迅看著他的樣子，笑了，親切地問他：「你真的姓唐嗎？」

「真……真姓唐。」唐弢說。

「哦，我姓過一回唐。」魯迅看著他，十分高興地哈哈地笑了起來。

在場的人，先是一怔，接著就明白了。原來魯迅說的是自己曾用過「唐俟」的筆名。

於是，大家都笑起來了。

唐弢心頭的疑雲消散了，並深深地被魯迅的平易近人、和藹可親所感動。

當魯迅愈鬥愈猛時，他原有的肺病日漸嚴重。1935 年底，他的健康已大不如前，許多親友勸他住醫院，或易地療養，但他為了奮鬥，不願離開自己的崗位。

1936 年，魯迅雖在病中，但依然勤奮工作，寫了許多文章和書信。《且介亭雜文末編》就是最後一年文章的結集。年初，魯迅的雜文繼續強調抗日救國，控訴國民黨的種種罪行，提醒人們要記住歷史的教訓，保持革命的警惕性。

中國左翼作家聯盟於 1936 年解散後，某些左翼文藝運動的領導人另組文藝家協會，提出「國防文學」的口號。

「國防文學」口號的提出和「中國文藝家協會」的成立，對於文藝界建立抗日民族統一戰線，促進救亡圖存的事業，是具有重大的意義的。

但是魯迅認為這一口號有缺點，另提出了「民族革命戰爭

的大眾文學」的口號，並且沒有加入文藝家協會。

對於魯迅的這種態度，也沒有加入文藝家協會的巴金和黎烈文給予強力支持。他們倆各起草了一份宣言，然後由黎烈文帶著這兩份宣言草稿，去向病中的魯迅徵求意見。

黎烈文遵照魯迅的意見，當場將兩份宣言合併抄寫成一份之後，魯迅在定稿的抄件上簽了名。爾後，巴金和黎烈文又把這份宣言複寫了幾份，以《作家》、《譯文》等雜誌社的名義分頭徵集簽名，得到了茅盾、曹禺、靳以、曹靖華、魯彥、蕭軍、蕭紅、唐弢、蕭乾、胡風、歐陽山和張天翼等 77 人的響應。

然而，魯迅的態度卻引起某些左翼人士的不滿。徐懋庸為此致信魯迅，在對他進行批評的同時，也攻擊了巴金、胡風和黃源等人。

當時魯迅正在病中，因此就請馮雪峰代筆，擬出〈答徐懋庸並關於抗日統一戰線問題〉一文，然後經魯迅過目修改定稿。文中表明了魯迅擁護建立抗日民族統一戰線的堅定立場，同時也反擊了徐懋庸對巴金、胡風和黃源等人的攻擊。

當巴金被《作家》月刊主編孟十還告知，〈答徐懋庸並關於抗日統一戰線問題〉一文及所附徐懋庸致魯迅的信，即將在該刊第一卷第五期上發表時，他連忙趕到科學印刷所，看了正在排版中的這兩封信的原稿。

在〈答徐懋庸並關於抗日統一戰線問題〉一文中,有一段魯迅親自添加的話:

> 巴金是一個有熱情的有進步思想的作家,在屈指可數的好作家之列的作家,他固然有「安那其主義者」之稱。但他並沒有反對我們的運動,還曾經列名於文藝工作者聯合的戰鬥的宣言,這樣的譯者和作家要來參加抗日的統一戰線,我們是歡迎的。
>
> 我真不懂徐懋庸等類為什麼要說他們是「卑劣」?難道連西班牙的「安那其」的破壞革命,也要巴金負責?

讀到這裡,巴金感動得熱淚盈眶,他沒有料到自己與之交往時間不太長的魯迅先生,竟然會為了他挺身而出、仗義執言。

魯迅發表的〈答徐懋庸並關於抗日統一戰線問題〉,處理了民族矛盾與階級矛盾的關係,堅持統一戰線中必要的階級抗爭和無產階級的領導權。

同年 10 月,由魯迅、郭沫若、茅盾、巴金等 21 人,代表文藝界的各個方面,發表宣言,終於結束論爭,初步形成了文藝界的抗日統一戰線。

# 奮鬥到生命的最後一息

晚年的魯迅也適當地養生，嗜煙飲酒也受到夫人許廣平的有效控制，但往年積勞向晚年魯迅連本帶息地索要昂值，魯迅疾患不斷，看病的次數明顯增多。但再多不過是敷衍，他自己也是個焦躁的病人，醫藥僅成安慰劑。魯迅依舊透支著自己的生命。

1936 年 3 月，魯迅又病了，他靠在二樓的躺椅上，心臟跳動得比平日厲害，臉色微灰了一點。

夫人許廣平正相反，臉色是紅的，眼睛顯得大了，講話的聲音是平靜的，態度並沒有比平日慌張。有一天，許廣平一走進客廳，就對蕭紅說：「周先生病了，氣喘，喘得厲害，在樓上靠在躺椅上。」

魯迅呼喘的聲音，不用走到他的身邊，一進了臥室就聽得到的。鼻子和鬍鬚在扇著，胸部一起一落。眼睛閉著，平日不離開手的紙煙，也放棄了。籐椅後邊靠著枕頭，魯迅的頭有些向後，兩隻手空閒地垂著。眉頭仍和平日一樣沒有聚皺，臉上是平靜的、舒展的，似乎並沒有任何痛苦加在身上。

魯迅坐在躺椅上，沉靜地，不動地閉著眼睛，略微灰了的臉色被爐裡的火染紅了一點。紙煙聽子放在書桌上，蓋著蓋子，茶杯也放在桌子上。呼喘把魯迅的胸部有規律性地抬得高高的。

　　魯迅必須得休息了，可是他從此不但沒有休息，並且腦子裡想得更多了，要做的事情都像非立刻就做不可，校《海上述林》的校樣，印珂勒惠支的畫，翻譯《死魂靈》下部，剛好，這些就都一起開始了，還計算著出 30 集。魯迅感到自己的身體不好，就更沒有時間注意身體，所以要多作，趕快作。

　　當時大家不解其中的意思，都以為魯迅不注意休息是不以為然，後來讀了魯迅先生〈死〉的那篇文章才瞭然了。

　　魯迅知道自己的健康不成了，工作的時間沒有幾年了，死了是不要緊的，只要留給人類更多。不久，書桌上德文字典和日文字典都擺起來了，果戈理的《死魂靈》，又開始翻譯了。

　　魯迅在臨近死亡的威脅下，沒有絲毫的沮喪、憂愁，他以堅忍不拔的意志更加快了工作速度。

　　魯迅的身體不好，容易傷風，傷風之後，照常要陪客人、回信、校稿子。所以傷風之後總要拖下去一個月或半個月的。

　　瞿秋白的《海上述林》校樣，1935 年冬至 1936 年的春天，魯迅先生不斷地校著，幾十萬字的校樣，要看 3 遍，而印刷所送校樣來總是 10 頁 8 頁的，並不是一起送來。所以魯迅不斷地被這校樣催索著，然而魯迅竟說：「看吧！一邊陪著你們談話，一邊看校樣，眼睛可以看，耳朵可以聽。」

　　有時客人來了，一邊說著笑話，魯迅一邊放下了筆。有的時候也說：「幾個字了，請坐一坐。」

1936 年春，魯迅的身體不大好，但沒有什麼病，吃過了夜飯，坐在躺椅上，總要閉一閉眼睛沉靜一會。

許廣平對蕭紅說，周先生在北平時，有時開著玩笑，手按著桌子一躍就能夠躍過去，而近年來沒有這麼做過。大概沒有以前那麼靈便了。

來看魯迅的人，多半都不到樓上來了，為的是能讓先生好好地靜養，所以把客人這些事也推到夫人許廣平身上來了。還有書、報、信，都要許廣平看過，必要的就告訴魯迅先生，不十分必要的，就先把它放在一處，等魯迅好些了再取出來交給他。

收電燈費的來了，在樓下一打門，許廣平就得趕快往樓下跑，怕的是再多打幾下，就要驚醒了先生。

海嬰最喜歡聽講故事，許廣平除了陪海嬰講故事之外，還要在長桌上偷一點工夫，來看先生為有病耽擱下來尚未校完的校樣。

1936 年，魯迅在病重期間，給瞿秋白的妻子楊之華寫了一封信，信中說：

尹兄：

6 月 16 日信收到。以前的幾封信，也收到的，但因雜事多，而所遇事情，無不倭支葛搭，所謂小英雄們，其實又大抵婆婆媽媽，令人心緒很惡劣，連寫信講講的勇氣也沒有了。今年文壇上起了一種變化，但是招牌而已，貨色依舊。

今年生了兩場大病，第一場不過半個月就醫好了，第二場到今天兩個月，還在發熱，據醫生說，月底可以退盡。其間有一時期，真是幾乎要死掉了，然而終於不死，殊為可惜。當病發時，新英雄們正要用偉大的旗子，殺我祭旗，然而沒有辦妥，越令我看穿了許多人的本相。本月底或下月初起，我想離開上海兩三個月，作轉地療養，在這裡，真要逼死人。大家都好的。茅先生很忙。海嬰刁鑽了起來，知道了銅板可以買東西，街頭可以買零食，這是進了幼稚園以後的成績。秋的遺文，後經再商，終於決定先印翻譯。早由我編好，第一本論文，約 30 餘萬字，已排好付印，不久可出。第二本為戲曲小說等，約 25 萬字，則被排字者拖延，半年未排到一半。其中以高爾基作品為多。譯者早已死掉了，編者也幾乎死掉了，作者也已經死掉了，而區區一本書，在中國竟半年不能出版，真令人發恨。不過，無論如何，這兩本，今年內是一定要印它出來的。

我不要德文雜誌及小說，因為沒力氣看，這回一病之後，精力恐怕要大不如前了。多寫字也要發熱，故信止於此。

俟後再談。

迅上<br>7 月 17 日

這是 1936 年 7 月 17 日，魯迅寫給瞿秋白的妻子楊之華的一封回信。魯迅與瞿秋白夫婦的書信往來，是他們彼此間長期交往的重要方式。

　　魯迅在信中還特別提到他抱病從事的一項具有重要意義的工作，即抓緊時間整理出了瞿秋白的遺譯、遺著，也就是著名的《海上述林》，並已經或準備交付印行。

　　透過魯迅信中的敘述，使人感到魯迅非常盼望此書能早日出版的迫切心情。犧牲在反動派槍口下的瞿秋白是魯迅最親密的戰友，此時病中的魯迅為紀念緬懷犧牲的戰友，付出了如此之多的心血和努力。這其中表現出魯迅堅強的精神與毅力。

　　馮雪峰對此回憶說：

> 1936 年我回上海，魯迅先生也是談到什麼問題都會不知不覺提到秋白同志的。特別是「至今文藝界還沒有第二個人」。這句不自覺地流露了對於犧牲了的戰友的痛惜與懷念情緒的話，我一想起就感到了痛苦。那時候魯迅先生自己也在病中。
>
> 在逝世前，撐持著病體，又在當時那麼壞的環境裡，編、校並出版了秋白同志的遺譯、遺著《海上述林》兩大卷的魯迅先生的心情，我想我們是能夠了解的，應該了解的。

　　晚年的魯迅的真實思想，基本上都透過這封家長裡短、自畫像式的信函展現在人們面前。當然，這封信僅是寫給楊之華的，此時處於苦惱、鬱悶中的魯迅，內心的積鬱也只能同自己知心的戰友來訴說，可見魯迅與瞿秋白夫婦間的深厚情誼。

# 舉行隆重葬禮送英魂

1936 年初，在嚴寒的氣候中，魯迅的病情加重，肩膀和兩肋開始疼痛，氣喘，發燒。

雖然宋慶齡和美國作家史沫特萊等人勸魯迅出國療養，但他卻認為：「自己這時還有一支筆可用，不能潔身遠去。」他「或者知道病入膏肓，無法挽救，索性在有限的光陰，加緊工作，因而對工作和病體，都採取戰鬥式的罷」。許廣平這樣描繪，魯迅「用小跑步走完他的畢生」。

6 月以後，病情更令人擔憂。魯迅在自己的日記中追述說，自 5 日以後，「日漸委頓，終至艱於坐起遂不復記」。連一向堅持的日記都不能記了。來訪的客人不能一一會見，只得由夫人許廣平做耐心解釋和轉達意見。

對於一再惡化的病情，魯迅心裡還是有數的。他在利用已經不多的時間加緊工作的同時，對身後之事，也作了一些考慮。在病中，魯迅寫下了隨筆〈死〉一文，刊於 1936 年《中流》雜誌第二期。

在文中，魯迅寫道：

歐洲人臨死時，往往有一種儀式，是請別人寬恕，自己也寬恕了別人。我的怨敵可謂多矣，倘有新式的人問起我來，怎麼回答呢？
我想了一想，決定的是：讓他們怨恨去，我也一個都不寬恕。

魯迅還為自己擬了 7 條遺囑：

1. 不得因為喪事，收受任何人的一文錢，但老朋友的不在此例；
2. 趕快收殮、埋掉，拉倒；
3. 不要做任何關於紀念的事情；
4. 悼我，管自己的生活，倘不，那就真是糊塗蟲；
5. 孩子長大，倘無才能，可尋點小事情過活，但不可以去做空頭文學家或美術家；
6. 別人應許給你的事物，不要當真；
7. 損著別人的牙眼，卻反對報復，主張寬容的人，萬勿和他接近。

1936 年 10 月 17 日，魯迅病情急遽加重。到 18 日清晨 6 時 30 分左右，他自覺情況危急，強行支撐坐起，給日本友人內山完造寫了一封簡訊，通知他「不能踐 10 點鐘的約」，並要他速請醫生。

內山完造和須藤醫生匆忙趕來為其注射服藥。但魯迅的病情仍未有好轉，除氣喘咳嗽加劇外，雙足冰冷，兩手指甲發紫。

午後，須藤又請福民醫院的淞井博士和石井醫院的石井醫生前來會診，並請護士田島專門護理。

幾位醫生會診後，決定在注射強心針的同時，每隔 30 分鐘給魯迅吸入酸素，以幫助他呼吸。醫生認為，如治療後兩日內病情不惡化，即可度過危險期。

18 日整個一天，雖然有醫生全力搶救，但魯迅的病情不斷加劇。他躺在床上，喘息不止，呼吸困難，幾乎不能說話。

上午當天的報紙來後，魯迅仍掙扎著戴上眼鏡，將報上的《譯文》廣告細細瀏覽一遍才放下，此後就一直處於時而清醒、時而昏迷的狀態。

10 月 19 日晨 5 時許，魯迅的病情突然惡化，氣喘加劇，呼吸急促，經注射強心劑後，仍然無效。

5 時 25 分，魯迅的心臟停止了跳動。不一下，兩個日本女護士走來，其中一人伸開雙手隔著棉被，用力振動魯迅的胸膛，左右搖動，上下振動，想透過振動的方法使其心臟重新跳動。然而，這一切都無濟於事了。

10 月 19 日凌晨魯迅逝世後，在他居住的二樓臥室設置了臨時靈堂。魯迅身上蓋著一床粉紅色的棉絲被，臉上蒙著一塊潔白的紗巾。

離魯迅床頭靠窗的是一張半舊書桌，上面雜亂地堆放著書籍、手稿，兩支筆挺然地立在筆筒內，旁邊是一隻有蓋的瓷茶盅。

桌子橫頭放著魯迅常坐的藤躺椅，床頭床腳各有一架小書櫃，牆上掛著一些木刻和油畫。

許廣平首先將魯迅逝世的消息通知了胡風，緊接著馮雪峰、宋慶齡也先後趕來弔唁。

馮雪峰經與許廣平、周建人、宋慶齡等人商量後，作出兩項決定：

第一，由內山完造聯繫萬國殯儀館承辦出殯事宜；

第二，立即成立治喪委員會，並擬出 9 人名單：蔡元培、馬相伯、宋慶齡、毛澤東、內山完造、史沫特萊、沈鈞儒、茅盾、蕭三。

這個名單見報時，除上海一家外國人辦的《上海日日新聞》日文、中文版全文照登外，其他各家報紙都刪去了毛澤東的名字。

這時，匆匆趕來一位名叫奧田杏花的日本雕塑家，他走近魯迅床前，伏身打開箱子，從瓶子裡挖出黃色黏厚的凡士林油塗在魯迅的面頰上，再用調好的白色石膏糊，用手指和刮刀一層層搽勻，間或薄敷細紗布，直至呈現平整的半圓形狀。

等待了半個小時，奧田托著面具邊緣慢慢向上托起，面具上同時黏脫了 10 多根魯迅的眉毛和鬍子，魯迅的面模做成了。當時又將面模翻注一具，交由魯迅親人留作紀念。

上面帶有魯迅的 7 根鬍子，它不僅是魯迅身體上的遺物，更重要的是保留了魯迅的 DNA。這就是目前陳列在上海魯迅紀念館的魯迅面模。

8 時以後，前來弔唁的人漸漸多起來，魯迅的朋友、學生紛紛趕來。

他們當中有沈鈞儒、夏丏尊、巴金、趙家壁、孟十還、柯靈等人。他們默默地走上二樓的臥室，瞻仰魯迅遺容。

蕭軍徑直撲到魯迅床前，跪倒在地，號啕大哭。同來的還有女作家蕭紅。

一直守在父親靈前的周海嬰，在多年以後回憶起這一場景時，無限感慨地說：

> 這位重友誼的關東大漢，前不幾天還和父親一起談笑盤桓，為父親消愁解悶呢！而今天只有用這種方式來表達他對父親的感情了。我不記得這種情景持續了多久，也記不得是誰扶他起來，勸住他的哭泣的。但這最後訣別的一幕，從此在我腦海中凝結，雖然時光像流水一般逝去，始終難以忘懷。

14 時，得到消息的上海明星電影公司派歐陽予倩、程步高、姚萃農等人，來到魯迅寓所拍下魯迅遺體、臥室的鏡頭。15 時，在內山完造的安排下，萬國殯儀館來車運走魯迅的遺體。

魯迅逝世的噩耗在國內外引起巨大迴響。各界人士的唁函、唁電如雪片飛來。

根據各界群眾的意願和魯迅家屬的意見，治喪委員會決定，10 月 20 日、21 日兩天和 22 日上午，為各界人士弔唁、瞻仰魯迅遺容時間；22 日下午出殯，安葬於萬國公墓。

10 月 19 日下午，魯迅遺體安放在殯儀館大廳二樓。當晚，

胡風、黃源、雨田、蕭軍 4 人留在遺體前守靈。

第二天一早，魯迅遺體經殯儀館工作人員稍加化妝後，移至樓下大廳。

9 時，各界瞻仰遺容和弔唁開始。靈堂四壁懸掛著各界人士所贈輓聯、輓詞，門首綴以鮮花和布額，上書「失我良師」4 個大字。

魯迅遺體身著咖啡色綢袍，覆深色錦被，兩頰瘦削，神采如生。遺體後為靈桌，上供魯迅 8 吋遺像一幅，四周有各界人士送的鮮花、瓶花及花圈，室內窗戶均懸絨簾，一派莊嚴肅穆的氣氛。

前來弔唁的人群絡繹不斷，宋慶齡、何香凝以及上海文藝界的知名人士均親來弔唁。

來得最多是青年學生，他們大多讀過魯迅的作品，對魯迅充滿敬仰之情，聞訊魯迅逝世後，結隊前來瞻仰這位青年學生的導師。

殯儀館職員為魯迅更衣，內穿白綢禮衫褲，白襪黑鞋，外加薄棉咖啡色襖褲及長袍，外面加以同色棉衾，上覆緋色彩繡錦被。然後由許廣平、周海嬰扶首，周建人及女兒扶足，安置於棺內。棺為紅色楠木，西式製作，四周有銅環，上加內蓋，半系玻璃，露出頭部，供人瞻仰。

10 月 22 日 13 時 50 分，在膠州路上的萬國殯儀館，民眾

自發地為魯迅舉行了「啟靈」儀式。魯迅的親友及治喪委員會成員宋慶齡、蔡元培、內山完造、沈鈞儒等 30 餘人，肅立棺前，默哀、行三鞠躬禮。

就在蓋棺前 5 分鐘，著名畫家司徒喬為魯迅作了最後一幅速寫像。然後由殯儀館職員將棺蓋封嚴，全體繞棺一週。接著，由黃源、姚克、孟十還、蕭軍、歐陽山、聶紺弩、胡風、周文、吳朗西、巴金、靳以、黎烈文、張天翼、曹天白等人扶柩出禮堂，移至靈車內，執紼者隨車而行，聚至大門外整隊。

14 時 30 分，送殯隊伍出發。原擬定的路線是要經過上海的繁華區，但由於租界當局和上海國民黨政府的反對，只好改為較冷僻的路線行進。其路線為膠州路、極司菲爾路、地豐路、大西路到虹橋路。

走在送殯隊伍最前面的是作家蔣牧良、歐陽山，他們執掌著由張天翼手書的橫額「魯迅先生殯儀」。

在送葬的隊伍中，最引人注目的是一幅魯迅的遺像，它是由畫家司徒喬畫在一塊大白布上，其形像剛毅、堅定，栩栩如生。

隨後是魯迅的兩位姪女恭扶的魯迅遺照，再後面是靈車。許廣平、周海嬰、周建人、宋慶齡、蔡元培、沈鈞儒等人分乘四輛汽車跟隨其後。女作家草明、蕭紅陪伴著悲傷至極的許廣平。

租界當局和國民黨上海市政府迫於魯迅在民眾中的崇高威

望和輿論壓力，不敢公開禁止，就派出大批的巡捕和警察對送殯隊伍進行監視。

但是，送殯隊伍所到之處，無數的市民佇立街頭，悄然默哀。更有數不清的工人、學生，甚至小學生，加入到送葬隊伍之中，使隊伍出發時的 6,000 餘人很快擴大至幾萬人。

16 時 30 分，送葬隊伍抵達萬國公墓，在禮堂前舉行了追悼會。蔡元培主持禮儀，沈鈞儒致悼詞，介紹魯迅生平及成就。

宋慶齡、內山完造、胡愈之等發表演講。

最後由蕭軍代表「治喪辦事處」同人和魯迅晚年比較關心的《譯文》等 4 個雜誌同人作了簡短的致辭。

在三鞠躬、默哀、輓歌聲中，救國會的王造時、李公樸等人將一面由沈鈞儒親筆手書的白底黑字「民族魂」旗幟覆蓋在棺木上，移置東首墓地，徐徐安置穴中，蓋上石板並填土。明星電影公司專門派人跟隨拍攝了鏡頭，為後人留下了珍貴的歷史資料。

臨別，馮雪峰緊緊握住許廣平的手安慰道：「將來等革命勝利後，我們一定為周先生舉行隆重的國葬。」

1956 年，上海市人民政府舉行隆重的儀式，將魯迅的靈柩從萬國公墓遷葬上海虹口公園。

魯迅給中國和百姓留下了寶貴而豐富的精神遺產。他這一生所追求的就是民族的未來，中國的前途，而從未考慮過個人的得失。魯迅先生是中華民族之魂，是中華民族的脊梁。

戰鬥生活

# 附錄

巨大的建築，總是一木一石疊起來，我們何妨做做這
一木一石呢？我時常做些零碎事，就是為此。

—— 魯迅

# 經典故事

## 吃辣椒驅寒讀書

魯迅先生從小就認真學習。18 歲時，他到江南水師學堂讀書。因為沒錢，魯迅的求學生活自然異常艱苦，到了冬季，連件棉衣都添置不起。

魯迅學習刻苦，第一學期成績優異，學校獎給他一枚金質獎章。他立即拿到南京鼓樓街頭賣掉，然後買了幾本書，又買了一串紅辣椒。每當晚上寒冷、夜讀難耐之時，魯迅便摘下一個辣椒，放在嘴裡嚼著，直辣得額頭冒汗。

他就用這種辦法驅寒堅持讀書，以至落下了腸胃疾病。由於苦讀書，魯迅後來終於成為中國著名的文學家。

## 勤勉做好每件事

魯迅認為自己比較笨拙，無論做學問還是做其他任何事，效率比不上那些天分好的人，只有抓緊時間，勤勤勉勉，才能在一定時間內，收到和別人一樣的效果。

為了寫好《阿 Q 正傳》中阿 Q 賭錢一段，魯迅親自找來了一個對平民生活熟悉的工人，請他作了介紹和表演。還有一次，為了查一典故，魯迅竟翻閱了 3 部蒙古史。在翻閱《死魂靈》時，魯迅碰到了不少困難，為了個別詞能翻譯得準確、

傳神，他搞得頭昏眼花，所以在他譯書過程中總是「字典不離手，冷汗不離身」。

魯迅一生寫成了大量的優秀作品，他的作品往往內容深刻，筆法冷峻、簡練，深受老百姓喜愛。有人把這一成就說成來自魯迅的天才，還有些當面盛讚魯迅是天才的文學家，魯迅卻很有感慨地說：「哪裡有天才？我是把別人喝咖啡的時間都用在工作上的。」

## 幽默中展現智慧與風度

生活中的魯迅，幽默、風趣，幽默中又帶著一種大氣、智慧、樂觀和風度。

有一次，魯迅的姪女問他：「你的鼻子為何比我爸爸（即周建人）矮一點，扁一點呢？」

魯迅笑了笑，說：「我原來的鼻子和你爸爸的鼻子一樣高，可是我住的環境比較黑暗，到處碰壁，所以額頭、鼻子都碰矮了！」

名流免不了被邀請演講，魯迅也不例外。他演講時旁徵博引、妙趣橫生，常常被掌聲和笑聲包圍。

一次，魯迅從上海回到北平，北師大請他去講演，題目是《文學與武力》。有的同學已在報上看到不少攻擊他的文章，很為他不平。

魯迅在講演中說：「有人說我這次到北平，是來搶飯碗的，是『捲土重來』。但是請放心，我馬上要『捲土重去』了。」一席話頓時引得會場上充滿了笑聲。

## 面對盜賊毫不畏懼

魯迅喜歡習武，他曾在留學日本時學過柔道，回到中國後在紹興府中學堂執教。

一次夜行，在經過一處荒涼的墳地時，忽見一慘白形同鬼魅的東西在前擋道。魯迅趕上前去飛起一腳，直踢得那傢伙踉蹌倒地，抱頭鼠竄，原來是一個裝神弄鬼的盜墓賊。魯迅雖瘦削，但功力可見一斑。

魯迅向來是不信邪的，對裝神弄鬼的盜墓賊之類的奸佞之人，絕不手軟。

## 設身處地為他人著想

魯迅家裡有兩個保姆，不知何故，經常發生口角。他受不了整天的吵鬧，竟然病倒了。

隔壁一個小女孩問道：「大先生，你為什麼不喝止她們？」

魯迅微笑著說：「她們鬧口角是因為彼此心裡都有氣，即使暫時壓下去了，心裡那股氣也是壓不下去的，恐怕也要失眠。與其三個人或兩個人失眠，還不如讓我一個人失眠算了。」

這個小故事展現了魯迅的善解人意,寧可自己吃虧,也會為別人著想。

## 以博大胸懷包容學生

荊有麟的《魯迅回憶斷片》中有一則故事:北大旁聽生馮省三有一天跑到魯迅先生家裡,向魯迅先生床鋪上一坐,將兩腳蹺起說:「喂,你門口有修鞋的,把我這雙破鞋,拿去修修。」

魯迅先生毫不遲疑,將馮省三的破鞋,拿去修好後,還為他取回來,套到他的腳上。可是,馮省三連謝都沒有說一句,悻悻地走掉了。

魯迅先生在每提到這件事時,總是說:「山東人真是直爽哇!」魯迅為青年服務的類似例子還有很多。

## 資助施茶體貼路人

在 1930 年代的上海,每至夏天,沿街店鋪備有茶桶,過路者可自行用一種長柄鴨嘴狀竹筒舀茶水,消渴解乏。

魯迅的日本好友內山完造,在上海山陰路開設內山書店,門口也放置一個茶桶。魯迅會見友人、出售著作、購買書籍常去內山書店,他看到茶桶,十分贊同內山此舉,於是多次資助茶葉,合作施茶。

1935 年 5 月 9 日，魯迅記載：「以茶葉一囊交內山君，為施茶之用。」魯迅還託人從家鄉紹興購買茶葉，親自交內山先生。

魯迅逝世後，內山完造曾寫過一篇〈便茶〉的回憶文章記述其事。

## 俯首甘為孺子牛

一次，在冬天的夜晚，街上寒冷寂靜。一個拉車的車伕從魯迅家門口經過時，腳上被一顆釘子扎中，疼痛難忍。這又恰巧被魯迅看見了。魯迅急忙帶他到自己家中包紮，包紮完後又給了那個車伕一筆錢。

因為他看到車伕在冬天依然衣衫單薄，腳上連鞋子都沒有。儘管魯迅當時也並不富裕。

# 年譜

1881 年 9 月 25 日，魯迅生於浙江紹興城內東昌坊口。姓周，名樹人，字豫才，小名樟壽。至 37 歲，始用魯迅為筆名。

1886 年入塾，從叔祖玉田先生初誦《鑑略》。

1892 年 1 月，往三味書屋從壽鏡吾先生懷鑑讀。在塾中，喜乘間描畫，並蒐集圖畫。

1893 年秋，祖父周介孚因事下獄，父親周伯宜又抱重病，家產中落。魯迅出入於質鋪及藥店多年。

1898 年 5 月，魯迅往南京考入江南水師學堂。

1899 年 2 月，改入江南陸師學堂附設路礦學堂。

1902 年 1 月，由江南督練公所派赴日本留學。4 月，入東京弘文學院。課餘喜讀哲學與文藝之書，尤注意於人性及國民性問題。

1904 年 9 月，在日本仙臺入醫學專門學校，肄業。

1906 年 7 月回家，與朱安結婚。同月復赴日本在東京研究文藝。

1908 年，從章太炎先生學，為「光復會」會員，並與二弟周作人譯域外小說。

1909 年 7 月歸國，任浙江兩級師範學堂生物學化學教員。

1910 年 9 月，任浙江紹興府中學堂教員兼監學。

1911 年 11 月紹興光復，魯迅任紹興師範學校校長。冬，寫成第一篇試作小說〈懷舊〉。

1912 年 1 月 1 日，南京臨時政府成立，應教育總長蔡元培之邀，任教育部社會教育司第一科科長。8 月被任命為教育部僉事。

附錄

1918 年 4 月開始創作，其第一篇小說《狂人日記》，以魯迅為筆名，載在《新青年》第四卷第五號，抨擊家族制度與禮教之弊害，成為文學革命思想之急先鋒。

1920 年 1 月，譯成日本武者小路實篤著戲曲《一個青年的夢》。10 月，譯成俄國阿爾跋綏夫著小說《工人綏惠略夫》。是年秋季起，兼任北京大學及北京高等師範學校講師。

1923 年 9 月，小說第一集《吶喊》印成。同月，《中國小說史略》上卷印成。

1925 年 11 月，雜感第一集《熱風》印成。12 月譯成日本廚川白村著《出了象牙之塔》。是年仍為《語絲》撰文，並編輯《國民新報》副刊及《莽原》雜誌。

1926 年 8 月底，魯迅離北京到廈門，任廈門大學文科教授。9 月《徬徨》印成。12 月因不滿於學校而辭職。

1927 年 1 月至廣州，任中山大學文學系主任兼教務主任。

1929 年 1 月，與王方仁、崔真吾、柔石等合資印刷文藝書籍及木刻《藝苑朝花》，簡稱朝花社。9 月 27 日，兒子海嬰出世。

1930 年 1 月，朝花社告終，並與友人合編《萌芽》月刊出版。開始譯《毀滅》。2 月，「自由大同盟」開成立會。3 月 2 日，參加「左翼作家聯盟成立會」。8 月，譯雅各武萊夫長篇小說《十月》訖。9 月，為賀非校訂《靜靜的頓河》畢，過勞發熱。10 月，譯《藥用植物》訖。11 月，修正《中國小說史略》。

1931 年 1 月 20 日柔石被捕，魯迅離開寓所避難。2 月，梅斐爾德《士敏土之圖》印成。3 月，主持「左聯」機關雜誌《前哨》出版。4 月，往同文書院講演，題為：《流氓與文學》。6 月，往日人「婦

女之友會」講演。7月,為增田涉講解《中國小說史略》全部畢。
11月,校《嵇康集》以涵芬樓景印宋本。同月《毀滅》制本成。
12月,與友人合編《十字街頭》旬刊出版。

1933年1月4日,蔡元培函邀加入「民權保障同盟會」,被舉為
執行委員。

1934年1月,《北平箋譜》出版。5月,校雜文《南腔北調集》,
同月印成。

1935年1月,譯蘇聯班臺萊夫童話《表》完畢。2月,開始譯果
戈理《死魂靈》。4月,《十竹齋箋譜》第一冊印成。6月,編選
《新文學大系》小說二集並作導言,印成。9月,高爾基作《俄羅
斯的童話》譯本印成。10月,整理《死魂靈百圖》木刻本,並作序。
11月,續寫《故事新編》。12月,編瞿秋白遺著《海上述林》上卷。

1936年10月19日5時25分,逝世於上海,終年55歲。

# 名言

寫不出的時候不硬寫。

讀書要眼到、口到、心到、手到、腦到。

橫眉冷對千夫指，俯首甘為孺子牛。

一滴水，用顯微鏡看，也是一個大世界。

我好像一頭牛，吃的是草，擠出的是奶、血。

自由固不是錢所買到的，但能夠為錢而賣掉。

希望是附於存在的，有存在，便有希望，有希望，便有光明。

希望本無所謂有，也無所謂無，這就像地上的路，其實地上本沒有路，走的人多了，也便成了路。

做一件事，無論大小，倘無恆心，是很不好的。而看一切太難，固然能使人無成，但若看得太容易，也能使事情無結果。

那裡有天才，我是把別人喝咖啡的工夫都用在工作上的。

名言

電子書購買

國家圖書館出版品預行編目資料

匕首與投槍，魯迅以文為刃的抗爭：橫眉冷對
千夫指，卻以深情待人間 / 潘于真，李正蕊編
著 . -- 第一版 . -- 臺北市：崧燁文化事業有限公
司 , 2022.09
　　面；　公分
POD 版
ISBN 978-626-332-701-6( 平裝 )
1.CST: 周樹人 2.CST: 傳記
782.884　　111013248

# 匕首與投槍，魯迅以文為刃的抗爭：橫眉冷對千夫指，卻以深情待人間

臉書

編　　　著：潘于真，李正蕊
發 行 人：黃振庭
出 版 者：崧燁文化事業有限公司
發 行 者：崧燁文化事業有限公司
E - m a i l：sonbookservice@gmail.com
粉 絲 頁：https://www.facebook.com/sonbookss/
網　　　址：https://sonbook.net/
地　　　址：台北市中正區重慶南路一段六十一號八樓 815 室
Rm. 815, 8F., No.61, Sec. 1, Chongqing S. Rd., Zhongzheng Dist., Taipei City 100, Taiwan
電　　　話：(02) 2370-3310　　　傳　　真：(02) 2388-1990
印　　　刷：京峯彩色印刷有限公司（京峰數位）
律師顧問：廣華律師事務所 張珮琦律師

定　　　價：299 元
發 行 日 期：2022 年 09 月第一版
◎本書以 POD 印製